(特非)パブリックマーケット推進機構ネットワーク東京　監修

セミナー講師としての仕事が明日の自分を拓く

―――― デビューからプロへのノウハウのすべて！ ――――

菅原邦昭、山崎承三、佐藤文弘、本多絵里子　著

都政新報社

はじめに

　私たちが本書の執筆を思いたったのは、ある県から依頼されたセミナーがきっかけでした。依頼されたセミナーは、企業OBが、在職時に培った能力や知識を広く社会に還元することを目的とする「講師養成セミナー」です。このセミナーは極少人数での開催を想定したものでしたが、いざ募集を開始してみると、受講希望者は百数十名を超え、定年退職者はもちろん、若いビジネスパーソンや子育てを終えて社会復帰を目指す中年のご婦人まで、多岐にわたる受講者の参加がありました。このとき、私たちは、広い世代にわたって、「講師になりたい」というニーズが非常に強いものであることを実感しました。

　現在は、日本国内はもちろん、世界的にも非常に不安定で、先の見えない閉塞的な時代です。いつ何が起こるかわからないそんな時代であるからこそ、大多数のビジネスパーソンは、学習の必要性を感じて、自らの能力を高めるために、資格の取得や仕事に関連するセミナーを受講するなど、何かを身に付けるために日々努力を重ねています。しかし、現在は成果に直結する学習が求められる時代です。単にインプットするだけの学習ではなく、実際の仕事の場でのアウトプットが求められているのです。

　セミナー講師には、インプットとアウトプットの両面が必要です。セミナー講師は、自身の専門分野に対する継続的なインプットとともに、新しく付加した知識や情報をすばやく自らのコンテンツにアウトプットする能力が求められます。また、セミナー講師には、プレゼンテーション力、ファシリテーション力など多くのスキルが必要です

が、講師に必要な能力は、ビジネスパーソンが自らの仕事で活躍するに必要な能力とかなりの部分で共通します。そうした意味においてセミナー講師という仕事は、ビジネスパーソンにとって「本業との好循環」を生み出すことができる魅力的な職業であるといえます。

いつの時代であっても、自分を成長させるためには、パッシィブ(受動的)であってはいけません。自己成長の機会や活躍の場を、アクティブ(能動的)な姿勢で自ら作り出すことが必要です。

経済低迷期の時代だからこそ、不断の学習によって力を養っておくことが必要で、そうした努力がいずれ大きな果実を生むことになると確信します。読者諸氏も、本書をきっかけに、セミナー講師という新たなチャレンジを始めてみてはいかがでしょうか。

本書は、冒頭で述べた「講師養成セミナー」の講演内容をベースに、一部内容を加筆・修正して編集したものですが、理論とともに、実践・実務の書として書かれていますので、セミナー講師を志す方はもちろん、現在セミナー講師として活躍されている方にとっても、相応の参考になるよう著しています。

本書が、セミナー講師として活躍するための一助となり、結果として読者諸氏の自己実現に寄与できれば望外の喜びです。

最後に、出版に際し、支援をいただいた㈱都政新報社出版部の佐々木保部長と岸史子さんに、心より感謝申し上げます。

　　2009年8月

　　　　　　　　　　　　　　　　　　　菅原邦昭

はじめに………………… 2
おわりに………………… 218
法人概要と著者紹介…… 220

第1章 講師になるための心構えと具体的ステップ

1 あなたも講師になれる
- 講師その醍醐味と楽しさ ………………………………………… 11
- 本当に講師になれるのか、あなたの不安 ……………………… 15
- 講師の資質とは ………………………………………………… 18
- 今日から講師になった気分で行動する ………………………… 22

2 講師になるためのステップ
- 講師になる決断をする ………………………………………… 24
- 講師になるための行動に移す ………………………………… 26

3 商品を作る
- 商品はどのように作るのか …………………………………… 31
- 商品の発想法 …………………………………………………… 33

4 講師としての活躍の場を確保する
- 活躍の場の確保の仕方 ………………………………………… 38
- 効果的なプロモーションの仕方 ……………………………… 40
- 良い仕事がリピートオーダーを生む ………………………… 43

第2章 講師に不可欠なプレゼンテーションとインストラクション技法

1 プレゼンテーションの法則をマスターする
プレゼンテーションの枠組みを理解する ……………… 50
プレゼンテーションの4つのルールとは何か ……………… 61

2 プレゼンテーションの基本形をマスターする
プレゼンテーションの基本構成を理解する ……………… 71
受講者に理解されるためのアプローチ法を学ぶ ……………… 82

3 受講者の視覚に訴える具体的なスキルをマスターする
講師の印象をアップするスキルを理解する ……………… 86
ビジュアルプレゼンテーションの活用技法を理解する ……… 92

4 講師に必要なインストラクション力をマスターする
効果の高い研修を行うための考え方 ……………… 95
レッスンプランを作成する ……………… 99
研修で活用する技法 ……………………………………102
研修の効果測定の考え方 ……………………………111

コラム セミナー後のアンケート……………………………… 44
セミナー講師初デビューの思い出 ……………… 104
言葉を使ったタスキ掛けの事例…………………… 106
図形を使ったタスキ掛けの事例…………………… 109
避けたいタイトルの設定例………………………… 110

第3章 講師に必要な身だしなみと話し方

1 あなたをステキに見せる演出法とは
着飾るのではなく見せるあなたを演出する ……………………119
講師向きの服装を考える ……………………………………………122

2 開始5分で受講者のハートを掴むには
記憶に残る自己紹介で決める ………………………………………129
アイスブレイキングで受講者のハートを融かす ……………131
受講者をグッと引き寄せるエピソードを用いる ……………133

3 大切な受講者が、退屈していませんか
ダメな講師がやってしまうことは何だろう？ …………………136
受講者も納得！ 聞かせ技で決める ………………………………145

4 エンディングを印象的に決める
最後のまとめはセミナーの要です ………………………………154
印象に残るエピローグを飾る ………………………………………158

コラム メッセージの事例…………………………………… 113
プレゼン力が身に付く「オン・ビデオ」手法……… 114
アンケートの様式例………………………………… 116
著者がセミナー講師として独り立ちするまで…… 156
マインドマップの活用法…………………………… 214

第4章 セミナーを成功に導くコンテンツ構築技法

1 セミナーのタイトルを決める前にメッセージを検討する
伝えたいことがないと始まらない …………………………163
セミナーのタイトルとメッセージを決定する …………………164

2 コンテンツの構成は常識にとらわれず「流れ」を意識する
コンテンツの構成に「絶対」はない …………………………167
常にストーリーを意識する ……………………………………169

3 コンテンツ開発にはルールがある
配置には力がある ………………………………………178
色には意味がある ………………………………………181
形にも意味がある ………………………………………182
文字は魔法の呪文である ………………………………184

4 コンテンツ開発には守るべきステップがある
(1) 自らを振り返り、テーマを決定する ……………………187
(2) メッセージとストーリー(構成)を決定する ……………190
(3) ドラフトにすべてを盛り込む ……………………………194
(4) 対象者とセミナー条件を再確認する ……………………197
(5) 内容を徹底的に絞り込む …………………………………201
(6) セルフレビューを行い、完成させる ……………………205

5 受講者を想い、型を破る
あえてセオリーに従わない ……………………………………210
一見、関連性のない話をはさむ ………………………………212
最後の最後に、受講者へのメッセージを加える ……………213

第1章

講師になるための心構えと具体的ステップ

第1章 講師になるための心構えと具体的ステップ

　本書は民間企業、公務員、教員などの退職者や各種の資格保有者、さらには社内講師を務める人などで、セミナー講師として活躍したいと考えている方を主な対象としています。

　また、現状に閉塞感を抱く現役のビジネスパーソンや自己啓発を必要と考えている読者にとっても大変参考になると確信しています。なぜならば、講師としての心構えとスキルの学習が日々の仕事へも良い影響をもたらし、仕事の成功につながると考えるからです。

　本章では、セミナー講師という仕事に興味を持つ読者諸氏が、どのようにすればセミナー講師として活躍できるのか、著者の経験を中心に次のような流れで解説します。

・セミナー講師に必要な資質と能力は何か
・どのような心構えがセミナー講師として成長させるのか
・セミナー講師になるための踏むべき具体的ステップは何か
・セミナーのテーマはどのように決め、コンテンツを作るのか
・セミナー講師としての活躍の場をいかにして確保するのか
・仕事を継続拡大するための効果的なプロモーションの方法は何か

1 あなたも講師になれる

　どなたでも、一度は何らかのセミナーを受講したことがあることでしょう。そのときの講師の印象はどうだったでしょうか。大したことはないな、眠くてしょうがなかった、という人

もいることでしょう。でも、多くの方は、「よく人前で話せるな、さすがはプロ。自分にはこのような仕事は無理だ」と感じたのではないでしょうか。著者もかつてはそうでした。

しかし、一度友人に誘われて、地域の商工会議所で開催されたセミナーの一部を担当し、思い切って全力でぶつかってみたことがあります。起業をテーマとしたセミナーで、著者の担当はフランチャイズによる独立でした。書籍をはじめ、数多くの資料を調べ、取材のため都内で開催されたフランチャイズフェアにも足を運びました。その甲斐があり、セミナーの本番では意外と自分でも良くできた、という実感が持てました。

しかも一度経験してしまうと、二度目からはその敷居がぐんと低くなるのを感じました。それ以来、けっしてセミナー講師は特別な仕事ではなく、しっかり準備と練習さえしておけば何とかなるものだ、と感じるようになりました。

読者諸氏も是非、セミナー講師にチャレンジし、自分の夢をかなえるとともに、人生の幅を広げて下さい。

講師その醍醐味と楽しさ

ここでは、著者の考えるセミナー講師の魅力をお伝えします。大変楽しく、やりがいのある仕事ですので、読者なりの期待を膨らませて下さい。

①なぜあなたは講師を目指すのですか

そのきっかけ、理由はいろいろあることでしょう。これまでのビジネスパーソン生活で培ってきたスキル、知識、経験を世の中の多くの人に伝えたいと考える方。あるいは自分の知識・経験が社会でどのくらい通用するのか試してみたい、いわば他

流試合がしてみたいと思う方。

さらに、人前で話すのが好き、目立つのが好き、以前受けたセミナーの講師が格好よかったので自分もやってみたい。人に教えるのが好き、好きなことで収入を得たい、そして社会貢献につながればこんな良いことはないからなど、いろいろな理由があることでしょう。

動機はどのようなことでも構いません。自分自身の魅力、人間性を礎に、人前で話し、受講者へ働きかけ、何らかの行動に移すように促すという、セミナー講師とは、ある意味、実に非日常的で魅惑的な仕事なのです。

②セミナー講師の魅力

著者の感じるセミナー講師の魅力を一言で述べると「知的エクスタシー」という感じでしょうか。その魅力を6項目にまとめてお伝えします。

i 自分の経験・スキルを社会に活かす

自分の経験・スキルを伝承し社会に活かすことができます。いうなれば、マイスターです。しかも具体的にこの世に生きた証を残すことができます。セミナーのチラシ、講師として演壇に上がっている時の写真、使用した資料、ホームページに載せた記事など。また少々キザですが、セミナーの内容と講師の印象が、受講者の心に残ることも証といえるでしょう。

ii 話し、聴いてもらう楽しさ

好きなこと・得意なこと、話したいことを話す楽しさがあります。趣味の話をし始めたら止まらない人を時々見かけます。このような時、話し手は大変気分が良い状態ですから、恐らく

脳内モルヒネがコンコンと出ているのではないでしょうか。

　ところで、妻や夫、子どもがあなたの趣味の話を真剣に聴いてくれますか。なかなか難しいのではないでしょうか。ところが、受講者はわざわざ講師の話を聴くために集まってくれているのです。こんな幸せなことはなかなかありません。しかも講師が話している時に、しきりにメモをとっている受講者の姿が目に入ることがあります。これは嬉しいものです。そうなると気分が益々乗ってきます。

iii　緊張感を楽しむ知的ゲーム

　セミナー講師は、緊張感を楽しむ知的ゲームです。自分の知識・体験をかき集め整理し、さらに各種資料で補足し、これらをロジカルにまとめるという工程が実に楽しいのです。しかもそれを発表し、人を動かすという緊張感は病みつきになります。

iv　いろいろな人との出会い

　「袖振り合うも多生の縁」といいますが、セミナー終了後の名刺交換や交流会などの場で受講者と知り合い、人的ネットワークを築く楽しみがあります。これこそ至福の喜びではないでしょうか。

v　一生できる仕事

　セミナー講師には定年がありません。外資系のコンサルタントのイメージのような若いバリバリの講師も良いものですが、一方では落語の世界と同じように、年を重ねてもそれなりに味わいが出る仕事でもあります。団塊世代がリタイアする2007年問題がいわれた頃は、団塊世代向けのセミナーが数多く開催されました。

著者も地域デビューに向けたセミナーの講師を何回か行いました。当時、著者は団塊世代よりも10歳ぐらい若かったため、むしろ団塊世代と同年齢以上だったらより説得力を出せるのに、と感じたものです。このようにターゲットやセミナーのテーマによっては、年を重ねた方が持ち味を出せる例はたくさんあります。

vi　収入がある、経費で勉強ができる

もう一つの楽しみは何といっても収入があることです。しかも経費で勉強ができることは大変な魅力です。セミナーの内容を組み立てるのに必要な資料として購入する書籍代、勉強に必要な講演会参加料、原稿を書くのに必要なパソコン、事前の打ち合わせ時に必要な交通費など、経費で計上できる場合があります。サラリーマンの場合は、雑収入が20万円（2009年8月現在）を超える場合は税金がかかりますが、経費を差し引いた収入が20万円以下であれば無税になります。

セミナーの講師をしている方は勉強好きな人が多いように感じます。ですから、最終的にはあまり利益が出なかったとしても、勉強のための書籍や道具が残ることで、十分に満足感を得られる人が少なくないはずです。

いずれにしても大切なことは、講師をしてみたい、人に自分の思いを伝えたいという私的な気持ちを、講師という活動を通じて社会に貢献したいという公的なものへ昇華させていくことです。

心理学の分野で有名なマズローの欲求5段階説という理論があります。生理的欲求、安全の欲求、所属と愛の欲求、尊敬されたいという欲求、自己実現の欲求というように、下位の欲求

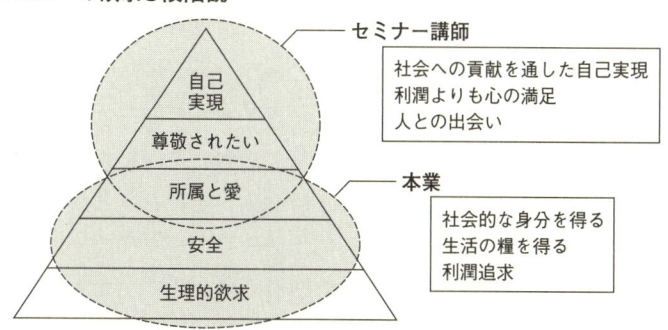

が満たされると、人はより上位の欲求を満たしたくなり、最終的には最高位の自己実現の欲求まで上がるというものです。

セミナー講師とは人との出会い、つまり「所属と愛」の欲求、「尊敬されたい」「社会への貢献を通した自己実現」という高次の欲求を満たすのに適した素晴らしい仕事といえます。

本当に講師になれるのか、あなたの不安

読者の中には、本当に自分が講師になれるのだろうかと不安に思っている方も多いことでしょう。しかし、心配はいりません。よほどの口べたでない限り、しっかりと研究し、準備と練習を重ねれば、どなたでも講師になれると著者は考えます。もちろん一流の人気講師になるには、かなりの経歴と才能が必要です。しかし、本書で目指す講師は、一流とはいえないまでも、講師としてある一定レベルの域に達し、講師仲間として継続してやっていけるような講師です。

それなりのスキルの習得が必要ですが、本書でしっかり学び、講師へのステップを登って下さい。

①人前で話すのは得意ですか

　人前で話すのが得意であることに越したことはありません。自己紹介など、実にスラスラと話せる人がいます。このような人は本当にうらやましいと思います。講師のなかにも、極度なあがり症だったという人は意外といます。それをある程度克服し、大勢の前でも講演ができるようになっているのです。

　著者も極度なあがり症で、いわゆる赤面症です。子どもの頃は「消防自動車」というあだ名をつけられていました。これは現在も治っていません。たとえ親しい間柄の数人の前でも、改まって自分の考えを述べるような時は赤面してしまいます。赤面している自分が意識され、ますます話をするのが辛くなってしまいます。最も苦手なのは、順番に回ってくる自己紹介です。緊張してしまい、前の人が何をいっているのかあまり聞こえてきません。このような場面でも、多くの方は動じず、堂々と話をされるように見えるので、いつも感心してしまいます。

　このような著者が、10人から100人ぐらいの受講者の前でセミナーをしているのですから不思議なものです。その理由はシンプルです。たとえあがり症であっても、十分に考えた資料を作成し、プレゼンテーションの練習をすることにより、大勢の前でも話せるようになるのです。

　あがるのは自意識過剰だからだとよくいわれます。自分をよく見せたいと思うから自意識過剰になるそうです。著者自身は、大勢の前よりも少人数の前の方が緊張するように感じています。これは相手と自分との距離が近いために、自意識が強くなっているからだと思います。逆に大勢の前になると、聞き手の顔が小さく視線も遠くになるため、精神的に落ち着くのではないかと感じています。

また、セミナーの場で話す時、過度に自分を良く見せようとか、上手に話そうとか思わないことです。それよりも、「いかに自分が聴衆に対して伝えたいことを伝えるか」に意識を注視すると良いでしょう。すると、自意識から解放され、あがらなくなります。

　飛行機が怖い人に対する次のようなアドバイスを聞いたことがあります。今乗っている飛行機のことを考えるのではなく、着いた現地で何をするか、何をして遊ぶか、目的地のことを考えなさいと。このようにすれば恐怖感が和らぐそうです。これも目的に意識を集中させるという意味で、同じ原理といえます。

②プレゼンテーションの経験はありますか

　講師に要求されるスキルとして、一定レベルのプレゼンテーションスキルが必要です。自分にはプレゼンテーションの経験がないから無理だと思っていませんか。そのようなことはありません。だれでもプレゼンテーションの経験はあります。なにも大勢の前で話すことだけがプレゼンテーションではありません。小規模な会議での発表も立派なプレゼンテーションです。1対1の対面で行う営業活動もプレゼンテーションです。友人同士での日常会話もプレゼンテーションといえます。

　ただし、日常普通に行われているプレゼンテーションをただ漠然と行ってはいけません。意識的に行うことによって、そのスキルが向上するからです。具体的な方法はこのあとの「今日から講師になった気分で行動する」で述べます。

③あなたも講師になれる。まずは地域講師から

　講師となるからには全国に名の知れたプロ講師をめざすのは自然なことです。やり方次第では、けっして夢ではありませ

ん。でも、まずは地元で活躍する地域講師から始めてみてはいかがでしょうか。地域への関心を持ち、地域の抱えている問題を一緒に解決したいという目的意識を持って、地域の発展に貢献すべく活動するのです。地域での人的ネットワークを構築し、地域での交流に生甲斐を見つけます。このようにして培われた仲間、仕事、そして仕事を通して得られた信用が、地域講師の報酬となります。

　自分の住む地域をもう一度見直し、自分が講師として地域に貢献できることは何かを見つけ出します。地方公共団体の発行する機関誌を見て下さい。いろいろなセミナーが紹介されていることに気付くはずです。地域の人材を発掘するという意味もあるのでしょう。比較的広く門戸を開いている地方公共団体や商工会もあるようですから、これらの団体へアピールしてみて下さい。

講師の資質とは

　あなたはセミナー講師に向いているでしょうか。例えば学校の先生になりたいと思ったことがありますか。学校の先生は「人と人との触れ合い」と「教える」という行為の両方が求められる仕事なので、セミナー講師に通じる面があります。

　ですから著者の個人的な意見ではありますが、学校の先生になりたいと一度でも思ったことのある人は、セミナー講師に向いていると思います。あなたの場合はいかがでしょうか。それでは、以下に講師の資質について著者の考えを述べます。

①講師としての適性

　ここでは、講師としての適性を考えてみます。著者の周辺で

活躍しているセミナー講師の観察から、以下の項目を挙げてみました。これらの項目を完全に満たすのは至難の業です。あくまで傾向としての参考と考えて下さい。誰でも多面性があります。適性というよりも、下記のいずれかに該当する面をより強めると良い、という程度に考えて下さい。

i 基本的には人が好きで、面倒見の良い人

講師は人前で話し、対話する仕事です。人が嫌いで、引きこもりがちな人には辛いかもしれません。人前に出るのが天性として好きである必要はありませんが、人との係わり、相手の喜ぶことをしてあげるのが苦にならないような人が良いでしょう。

ii 好奇心が旺盛で、自分の体験・知識を人に聴いてもらうのが好きな人

セミナーで話す内容には、時代に即したタイムリーな話題を絶えず取り入れていかなければなりません。そのため、好奇心旺盛で、勉強が基本的に好きな必要があります。そして新しく得た知識を人に話すのが好きな人が良いでしょう。

iii 自分の意見に凝り固まらず、良いものは良いと受け入れ、自分のものにできる柔軟な頭の持ち主

もちろん講師のカラーを前面に出して、持論を展開するような場面もあります。しかし、セミナーではターゲットに合わせて話す内容を柔軟に組み立てるのが普通です。しかも新しいテーマを加え、絶えず内容を進化させ、陳腐化を防ぐ必要があります。このためにも頭の柔軟さが不可欠です。

iv 自分に自信を持ちつつ、謙虚でサービス精神も持っている人

プロとして人前で話す以上、ある程度のカリスマ性が必要です。それは自信ある態度と話の内容がもたらします。体験に裏打ちされた内容ならば臨場感のある話ができますので、より良いでしょう。そのためにも十分な事前の勉強と準備が必要で、それが自信につながります。

もう一つ大切なのはサービス精神です。講師という仕事は、ある意味サービス業です。しかも講師自身も商品です。講師の人間性が大切になります。そのためには謙虚さとサービス精神が求められます。

②講師としてのコンピテンシー（成功への行動特性）

セミナー講師としての適正に加え、最低限必要なコンピテンシーとして次の3つが必要と考えています。講師としての適正では、どうしても本人の性格に左右される面がありますが、この3つの項目については、意識的に獲得できるものばかりです。

i セミナーをするための最低限のスキル

基本はプレゼンテーションスキルです。これは、本書で詳しく解説されていますから、よく読んで学んで下さい。基本を学んだ上で、経験を重ね、自分のスタイルを確立することが大切です。教科書どおりの基本技術だけでは、誰のセミナーも皆似たり寄ったりになってしまいます。基本を備えた上での、オリジナリティーがあなたの売りになります。

セミナーがうまくなるコツは、いろいろなセミナーに参加してみることです。上手なセミナーで感心したり、あまりうまくないセミナーでがっかりしたりする場合もあるでしょう。良いセミナーだった場合は、その良さを自分なりに分析し、メモし

ておいて下さい。良くないセミナーの場合もこれはこれで参考になります。なぜ良くなかったかを分析し、どのように改善すれば良いか考え、メモしておきましょう。話し方、立ち方、手振り身振り、資料の作り方など、自分が講師だったらという目で講師を観察し、講師を評価してみましょう。「なんだ、この程度か」と思い、結構自分でもやれそうな気がしてくるかもしれません。そう思えればしめたものです。自分が講師だったらという目でセミナーに参加すると、講師を違った角度で見ることができるため、大変参考になります。

ii コミュニケーション力

ペラペラと誰とでも物応じせず話せる必要はありません。社会人としての普通のコミュニケーション力があれば十分です。セミナー講師にとっては、受講者はもちろん、主催者、他の講師など、人との良い係わりが不可欠です。このため、横柄な態度だったり、きちっとした挨拶ができなかったりでは困ります。この程度は社会人としては当たり前のレベルです。

ただし講師として壇上に上がっているときは、最低限の明るさが要求されます。演技でも構いません。要するに、明朗快活そうな講師になりきることができれば良いのです。落語家は高座では面白いことをいって人を笑わせますが、プライベートな時間では結構静かにしている人が多い、という話を聞いたことがあります。真偽のほどは知りませんが、あり得ることです。仕事の時は演じているわけですから、プライベートな時間との落差があるのは当然です。これがプロフェッショナルというものです。

iii 新しいことを学ぶエネルギー

セミナー講師として初めての土地を訪れることもあるでしょう。その時にはその土地の歴史、名物に興味を持って調べ、できれば特産品を食べたり、史跡を訪れたりして、その土地を体験してみて下さい。その話題はセミナーを始める時のつかみとして利用できます。このような新しいことを学ぶエネルギーを保ち続けることは、講師には必須の要素です。強い好奇心を保つには、心のエネルギーが必要です。エネルギーを高めて、意識的に身のまわりの出来事に興味を持つようにして下さい。しかも人生を豊かにしてくれます。

今日から講師になった気分で行動する

講師になるための勉強、練習には特別な場所や機会はいりません。日々の生活が練習の場と考えて下さい。生活の中の色々な場面を、「講師」と関連付けてみることをお勧めします。日常の会話、営業活動、会社や地域活動の会議でのプレゼンなど、どのような場面も講師になるための勉強の場とすることができます。大切なことは「相手の聞きたいことは何か」を意識し、考え、反応を見ることです。ただ漠然と自分のいいたいことを話すような会話をしていてはだめです。

また、話しながら、話す論法も意識します。結論を先にいった方が良いか、あるいは結論を後にした方が良いか、きちっと起承転結を踏んで説明した方が良いか、それとも三段論法でいくか、などです。話の内容、話す相手、相手の興味の程度など、その場に応じて話す論法を意識的に変えてみることは、話を組み立てるための良い訓練になります。

そしてもう一つ大切なのは、聞き手を引き付ける話の「ネ

タ」です。「面白い話だな、これは話のネタになるな」という出来事に出くわしたら、それをすぐにメモするようなメモ魔になりましょう。このようにして日頃から話のネタをたくさん用意し、会話の流れの中でうまく披露していきます。

　人との会話が終わったら、振り返ることも大切です。話したすぐ後でも良いですし、就寝前の布団の中で振り返るのも良いでしょう。「あそこではこのように話せばよかった、あのタイミングで出したネタは大受けだったな」と振り返ることにより、徐々に話が上手になっていきます。スポーツの練習でもそうです。単調な同じ練習を繰り返す時でも、いつも頭を使い、工夫し、振り返り、改善をすることにより力がつくといわれています。

　しかし、振り返りが終わったら、それをあまり引きずらないで下さい。すぐに気持ちを切り替えて、明日に備えて下さい。さもないと反省で気分が暗くなり、ノイローゼになってしまうかもしれませんので。

　とにかく今日から講師になったつもりで、日々の生活を講師になるための練習の場として下さい。

2 講師になるためのステップ

　実際にセミナー講師になるためには、何をどのようにしたら良いのでしょうか。講師になるためにはそれなりのステップを踏む必要があります。本節では、そのステップについて解説します。

講師になる決断をする

ステップのスタートとして、まず「講師になる」という決断を下しましょう。それが全ての始まりです。講師になる決心をし、その決心を揺るぎないものにします。そのためには、その決心を具体的に見える形にし、意識の中に定着させると良いでしょう。以下、その方法を述べます。

①ミッションステートメント(行動宣言)を作成する

講師として成功したい、自分の足跡を残したい、という熱い気持ちを持っているだけでは、日々の生活に追われる中で、徐々に冷めかねません。これを避けるためには、具体的に自分の気持ちをミッションステートメントとして綴ります。ノートでも、手帳でも、A4の紙一枚でも、パソコンでも構いません。

例えば、「2年後に講師になる」と目標を立て、書き込んで下さい。次に2年後に講師になるためにはどうすれば良いかを考えて下さい。例えば次のように箇条書きで書き出します。

目標達成のために行うべきこと
- プレゼン手法を学ぶため、セミナーに参加する
- 講師に必要な情報を集める
- 人脈作りをする
- 自分のオリジナリティーはどこにあるかを考える
- 得意の分野を徹底的に勉強する
- テーマのアイデアを出す
- 商品作りをする
- 商品を売り込むための企画を立てる
- 健康管理、メンタルヘルス

・話し上手、聴き上手になる

②意識の中に定着させる

　ミッションステートメントに書いた内容を忘れないように、意識の中に定着させます。そのためには、ちょくちょく見て加筆修正することが大切です。繰り返し見ることが意識の中に定着させる最善の方法です。ミッションステートメントを書いてみても、いつの間にか読むことを忘れ、下手をすると書いたことさえ忘れてしまいます。たまたま見つけて久しぶりに読んでみると、こんなこと考えていたのだと感心する、などということもあり得ます。

　目標に向けた情報収集をしていると、ミッションステートメントに書き加えるべきこと、修正したいこと、あるいは修正せざるを得ないこともまま出てきます。初志貫徹とはなかなかいきませんので、よりよき方向へ加筆修正を繰り返して下さい。

　この作業を最低でも1週間に1回は行って下さい。そして講師との係わりで生活の中のあらゆる事象をとらえ、考え続け、

ミッションステートメントを作成する

　　講師として成功したい、自分の足跡を残したい
　　・2年後に講師になる〈目標を定める〉
　　達成のために行うべき事
　　・プレゼン法を学ぶ、セミナー参加
　　・健康管理
　　・人脈作り
　　・情報収集
　　・アイデア、商品作り
　　・勉強
　　・自分のオリジナリティを見出す

意識の中に定着させる

　　ちょくちょく見て加筆修正する
　　講師との係わりであらゆる事象をとらえ、考え続ける（繰り返す）

繰り返すことが大切です。不思議と世の中には講師になるための題材が転がっていることに気付くはずです。そして講師になることを強く意識して下さい。「叩けよさらば開かれん」です。

講師になるための行動に移す

　講師になる決心をしたならば、実際に実行に移す準備に入ります。ここでは、その進め方を具体的に解説します。

①キャリアの棚卸をする

ⅰ　キャリアの棚卸とは何か

　キャリアの棚卸とは、自分がこれまでの人生で培ってきたビジネスなどに活かせる能力をリストアップし、資産として整理することです。この整理した資産をセミナーで話せるテーマとなるか、という視点から評価します。そこから自分の強み・弱みを把握し、セミナー講師としての自分ブランド確立のための指針とします。

　ところで、自分は人に話せるような知識や経験は持っていない、と思ってはいませんか。あなたの持っている知識・経験・スキルはあなたが考えている以上に価値がある場合が多いのです。例えば、中小企業で長く経営に携わってきた人の経験は、これから起業を考えている人にとって貴重な経験談でしょう。大企業でロジスティックやマーケティングに関わっていた人の経験は中小企業では大変貴重なスキルとして活かせるかもしれません。まずはあなたのキャリアの棚卸をしてみて下さい。そしてその知識・スキルを欲している業界、企業、人はいないか考えて下さい。

　それでは「セミナー講師として自分ブランドを確立する」と

いう切り口で、自分のこれまでのキャリアを見つめ直してみましょう。

ii キャリアの棚卸の仕方

これまでに蓄積してきたキャリアのなかから、セミナーのテーマとして活用できるものは何かを洗い出してみます。つまり、自分自身のSWOT（スウォット）分析をしてみるのです。SWOT分析とは内外の環境要因を「強み（Strength）・弱み（Weakness）・機会（Opportunity）・脅威（Threat）」に分類整理して、特徴・要因を明確化する手法で、マーケティングなどの分野で戦略を立てる上でよく使われます。この手法を自分自身のキャリアの整理に用います。自分のキャリアを洗い出し、それを強み、弱みに分類し整理します。そのなかで、セミナー講師としての資質やテーマをチェックします。

初めに、自分自身のキャリアを「能力」「知識・技能」「資格」「人脈」ごとに洗い出します。この時点では、セミナー講師になるためのキャリアの棚卸と初めから絞り込まずに、広い範囲での棚卸をすることをお勧めします。

「能力」については、先見力、決断力、ストレス耐性、コミュニケーション力、対人折衝力、マネジメント力など、ビジネスで必要とされる能力について自分に当てはめて強み、弱みで振り分けます。

「知識・技能」については、マーケティング、会計、品質管理、語学、セールス、人材教育、カウンセリング、IT技術、商品開発、法律、保険、特許など、自分がこれまのビジネス人生の中で学び、経験し、蓄積してきたものを何でも良いから書き出してみます。このなかで、比較的自信のある項目を強みに振り分けます。自分にとって必要性は高いが十分には備わって

能力	先見力 決断力 体力・健康 ストレス耐性 コミュニケーション力 対人折衝力 マネジメント力 指導力 統率力 分析力………	マーケティング 会計・財政分析 品質管理・生産管理 語学 営業、経営学 人事、人材教育 カウンセリング パソコン、IT技術 商品開発 法律、特許………	**知識・技能**
人脈	学生時代の同窓生 異業種交流会で知り合った仲間 業界団体の知り合い 町内会 学会の知り合い 資格仲間……… ………………… …………………	教員免許 栄養士 看護師 歯科衛生士 介護福祉士 ケアマネジャー ITコーディネーター 中小企業診断士 税理士………	**資格**

中央：キャリア

	強み	弱み
能力	決断力 企業家精神 指導力 統率力 情報収集力 体力・健康	洞察力 先見性 柔軟な発想力 バランス感覚 人に関する感性
知識・技能	英語、イタリア語会話 営業 IT技術	
資格	行政書士 ITコーディネーター	
人脈	マーケティングに強い社内人脈 行政書士の社外人脈	

機会	脅威
能力開発・自己啓発ブーム	講師過多の状態にある

いない、と思われる項目は弱みに振り分けます。

「資格」については、今現在どのような資格を持っているか洗い出してみて下さい。その中で講師の肩書きとして使えそうな資格、あるいは講師の専門分野としてセミナーのテーマを出せそうな資格を持っているかチェックします。

「人脈」については、今後講師として一緒にやっていけそうな人脈、講師として採用してもらえそうな人脈を洗い出します。

②強みを厚くする

自分の得意な分野、できたら自分にしか話せないオリジナリティーのあるテーマを決め、これを強みとして活かします。そのテーマ自体とそれに関連した周辺情報については、実体験を交えた特化したコンテンツとして作り上げます。これがそのまま自分ブランドとして、自分のアピールポイントになります。

主に自分の強みとなる分野でのテーマを考えることになりますが、同様のテーマでセミナーが既に行われている場合もあります。しかし切り口を変えるだけでも十分にオリジナリティーを出すことができますので安心して下さい。

例えば「起業」をテーマにする場合、団塊世代の起業、女性の起業、中高年の起業、大学生の起業、家族での起業、空き店舗で起業、農業で起業、などいろいろなテーマを出すことができます。もしあなたが農業に詳しいならば、「趣味から始めて農業で起業」というテーマにすれば、新しさが出せるのではないでしょうか。工夫次第で次々と新しい切り口を探すことができます。

③弱みを克服

通常、弱みについては補強する努力が払われます。しかし著

者は、強みを前面に出すことに注力すればよく、弱みの克服に多大な労力をかける必要はないと考えています。弱みの克服に時間と労力を取られてしまい、肝心なセミナー講師になるという、目標達成までの期間が長くなりかねません。それよりもあなたの強みを伸ばして、その強みを自分ブランドとして確立した方が確実です。

もちろん弱みがセミナー講師として決定的なものと考えられる場合は、ある程度克服する必要があります。例えば「人前で話すのが苦手」「大勢の前で話した経験がない」などの場合は、本書や話し方セミナーなどで学び、最低限の話す力は身につける必要があります。あとは、経験を積み重ねていけば、何とかなるものです。

④経歴は宝（資格を活かす）

あなたは資格を持っていますか？ 行政書士、中小企業診断士、情報系ではITコーディネーターなど。資格ではなかなか飯は食えない、資格で飯が食えるのは医師と弁護士ぐらいだとよくいわれます。最近では、その医師や弁護士であっても、資格さえ取れれば誰でも楽々と成功できる、というわけではないようです。

ところが、講師の肩書きとしては、資格は大きな力を発揮します。大企業の役員経験者やよほど突出した経歴でもあれば別ですが、ごく一般の無名のビジネスパーソンにとって、セミナー講師として壇上に上がるのは簡単なことではありません。そこで資格という肩書きが意外と味方になってくれるのです。

もし何も資格を持っていないという場合は、比較的とりやすく、社会的信用があり、組織がしっかりしていて、人的ネットワークを構築しやすい資格を取得することをお勧めします。例

えば国家資格ではありませんが、消費生活アドバイザー、産業カウンセラーなどはそれに相当すると思います。

ただし、資格を取ることに時間をかけてしまい、資格を取ることだけが目的になってしまっては、本末転倒なので気をつけて下さい。資格はあくまでプラスアルファであり、絶対ではありません。

また、いくつも資格を取る必要はありません。ある程度世間で通用する資格を持っているならば、それを徹底的に活かすことを考えて下さい。セミナーのテーマと資格の肩書きが直結している必要もありません。関連付けは後付でいくらでもできます。

3 商品を作る

講師にとっての商品とは何でしょうか。自分の持っている知識、経験、スキルなどを、受講者にとって価値ある内容にし、それをビジュアル化し、講演資料として形にしたものといえます。ではこの商品の作り方を考えていきましょう。

商品はどのように作るのか

まず、自分が揃えるべき商品群の中でコアとなる商品を開発します。コアとなる商品は自分が最も得意とする分野の中で開発します。この分野なら自分は第一人者になれそうだと思える分野を選択します。次にコアとなる商品の専門性を深めます。自分の体験を積み上げる、情報を収集して知識を深めるなどし

て「この分野では自分が第一人者」と思えるぐらいに専門性を深めるようにします。しかし、何も実際に日本で第一人者になる必要はありません。自分の関係する地域、仲間の間で「この分野ならばあなただ」といわれるようになるレベルを目指します。こうして開発された商品が自分の財産の核となります。

次にこのコアの分野を発展させます。例えばあなたにスクールカンセラーの経験があったとします。この経験をもとに、「スクールカウンセラーの技法」というテーマをコアとなる商品として開発したとします。次にスクールカウンセラーの経験と知識を活かして、現代若者文化の研究をします。これにより「現代若者文化」について講演することができます。さらに別方向に発展させて、例えば現代若者の消費購買行動実態を研究し、マーケティングセミナーの分野に広げます。

このようにしてコアを中心に周辺分野へ研究対象を広げ、商品の幅を広げていきます。大切なのは、幅を広げた研究内容を、セミナー資料の形に残すことです。これにより具体的な商品の形が見えてくるようになります。

ここで一つ注意があります。商品の幅をやみくもに広げないようにすることです。セミナー講師は、一方的に話すケースも

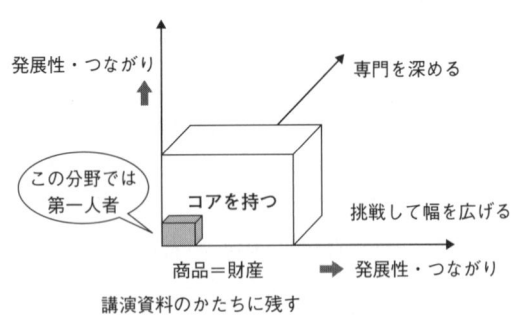

あるので、自分の得意な分野でなくても、にわか勉強すれば、そこそこできてしまうものです。こうしてセミナーができるまでのレベルに持っていけば、一応そのテーマも自分の商品とすることができます。

しかし、だからといって、あまり無理をすると、労力と精神的エネルギーへのストレスから、大きな負担になりかねません。挑戦し、新しい分野をどんどん開拓することは大いに結構なことですが、自分はこの分野だけは無理、やれない、とはっきり認識しておくことも大切です。

例えば、著者は中小企業診断士ですから、経営の分野に関して一応一通り学んではいますが、その中でも得手不得手があります。著者の場合はアカウンティング（会計）をテーマにしたセミナーはやめておこうと考えています。あまり得意な分野ではないため、どうしても表面的な知識にとどまったまま、これ以上深く掘り下げる気になれないからです。この分野を深く学ぶための時間を費やすエネルギーがあるならば、著者はマーケティングなど他の興味ある分野を深く掘り下げます。

商品の発想法

これまで、自分の得意分野で商品を開発するべきと述べてきましたが、自分の得意分野ならばどのようなテーマであっても良いというわけではありません。商品である以上、売れなければ何にもなりません。そこで実際は、商品を開発するに当たり、キャリアの棚卸と並行して、社会で求められているニーズを調査し、そのニーズに即した方向で理性的にテーマを見つけていくことになります。

ただ、これだけでは、ありきたりのテーマになり、他と差別

化できないだけでなく、商品そのものの発展が見込めなくなります。そこで、新しい切り口を探したり、斬新な興味あるテーマを考え出したりする必要があります。そのためには、アイデアの発想法を利用してみるのも良いでしょう。

①アイデアとは

アメリカの広告業界で活躍したジェームス・W・ヤングは「アイデアとは既存の要素の新しい組み合わせ以外の何ものでもない」といったそうですが、そのとおりだと思います。全くの無からアイデアを出すことはほとんど不可能だといえます。人間の文明は、先人の発明や考えたことを土台にし、その上に新しい発想を積み上げるようにして発展してきました。既に世の中にあるものを知り、観察し、情報を集め、既知のものから本質を見抜き、応用すれば良いのです。アイデアを出すのに特別な能力は要りません。気楽にリラックスしてアイデアを出しましょう。

②良いテーマを選定する

自分の得意分野のなかだけでセミナーのテーマを考えるのではなく、世の中でどのようなセミナーが開催され、人気を博しているかをベンチマークすることが大切です。それが自分自身ではなかなか気付かないテーマを見つけ出し、あるいは新しく発想するヒントになるからです。

インターネットで「セミナー」というキーワードで検索してみて下さい。セミナーを企画しているいろいろな企業、あるいは地方公共団体のホームページがヒットするはずです。今、どのようなセミナーが開催されているのかが簡単に分かり、大変参考になります。多く開催されている分野は現時点で高いニー

ズのあるテーマだといえます。もちろん、現在最も人気のある分野には他のセミナー講師からの参入も多くなるわけですから、それだけ競争が激しいであろうことは想像できます。

このように社会のニーズに合ったテーマ、あるいはそのニーズを探索していくなかで、これからニーズが高まりそうなテーマは何かを研究します。そこへ、自分の経験・スキルを突き合わせてみて、実際にセミナーができそうなテーマを絞り込みます。これが自分にとっての良いテーマとなります。

③商品の幅を広げる

良いテーマを選定し、具体的な商品の形として作り上げたならば、さらに切り口を変えるなどして、いくつかの商品を用意します。つまり商品をしまってある引き出しを複数持つというイメージです。

講師の依頼を受けた時に、引き出しにしまってある商品を、そのままセミナーの資料として使えれば良いのですが、実際はそのように都合よくいくとは限りません。多くの場合は次のようなステップを踏みます。

まず、企画に合わせて、いくつかの引き出しから商品を複数出してきます。次に、それぞれの商品から使えそうな部分をピ

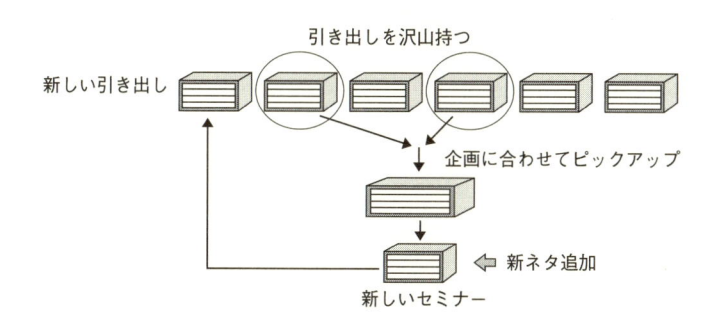

ックアップして合体させます。これだけでは内容が古く、斬新さが出ないこともありますので、この場合は新しいネタを付け加えます。このようにして大まかなセミナー資料を作ります。次に、この大まかなセミナー資料を、今回の企画のターゲット、セミナーの時間、テーマに合わせて不要な部分を削除したり膨らませたりして完成させます。これをもって新たなセミナーに臨みます。

この新しく作成された商品は、自分の新たな引き出しとして加えます。これによって財産がまた一つ増えたことになります。こうした引き出しをたくさん持つことによって、セミナーの新企画が持ち込まれても、既存の商品から適当にピックアップし、新規の商品を短時間で簡単に作成できるようになります。

つまり、商品が次々と新しい商品を生み出すようになるわけです。このため、少ない労力で準備ができます。この段階に達するまでは大変ですが、達したあとは品揃えの良い店舗のようなもので、いろいろなニーズの顧客に対応できるようになります。

④継続的に情報収集する場を持つ

セミナー講師として、実体験に基づいたオリジナリティーのあるセミナーを、無理なく継続していけることが理想です。実体験に基づいた話は人を引き付ける力があります。仮に同じテーマのセミナーを繰り返したとしても、絶えず新しい体験や情報を加味することができれば、飽きられることもありません。

そこで、新しいテーマを絶えず作り、更新、拡大できる仕組みをいかにして持つかがポイントになります。その仕組みとして重要なことは、他の人と差別化できる体験の場を持つことで

す。いうなれば、絶えず卵を産み続ける「良いニワトリ」を所有するということです。長くセミナー講師として活躍されている人は、大抵このような「情報を絶えず収集できる場」を持っているものです。

　例えば、「NPOの設立と運営」がそれに相当します。現在ではNPOも珍しくなくなりましたが、NPO法が施行された当初はNPO法人をいち早く設立し、実際に運営経験をしていること自体がセミナーのテーマを産み続けることになりました。NPO法人の設立方法、NPO法人の運営の仕方、NPO法人の税制について、NPO法人のマネジメント、NPO法人のコラボレーションのあり方、NPOビジネスなど、いろいろなテーマを組み立てることができました。将来、NPO法人を設立し運営したいという志を持っている人にとっては、是非聴いてみたいセミナーだったのです。

　「ボランティアの人生相談」というニワトリもあるかもしれません。ボランティアで人生相談をしてもそれ自体では収入が得られません。しかし、無報酬の人生相談を通してさまざまな老若男女の人生を見ることができます。これにより、人と世の中の動きが見え、悩み多き人々に生きるためのヒントを与えられるようになります。この体験をセミナーのテーマにすること

「ネタ」を定常的に作れる特殊な体験の場を持つ

場	体験	効果	出口
無料相談	老若男女の人生を見る	人・世の中の動きが見える	セミナー、書籍、カウンセラー
起業	ベンチャー企業の設立経験	ベンチャー企業の実態がわかる	セミナー、書籍、コンサルタント
NPO経営	NPO経営の前線体験	NPO経営のノウハウ	セミナー、書籍、コンサルタント

もできるでしょうし、書籍として出版することも可能です。

起業家が、自分の起業体験をセミナーで話すケースはよくあります。これも起業・経営という体験の場を持ち、そこから絶えず得られる情報がセミナーのテーマを生み出しているといえます。

このような特殊あるいは新しい体験のできる場を持つことによって、絶えず新しい体験と知識、考えを広げていくことができます。これが自分しか持たない貴重な財産となります。あなたならばどのような「ニワトリ」が持てるか、考えてみて下さい。これが見つかるとセミナー講師としての成功の確率が高まること間違いありません。

4 講師としての活躍の場を確保する

講師になるための準備をしても、実際にセミナーの講師をする機会を持てなければ無駄に終わります。ここでは講師として活躍する場の確保とその発展のさせ方を紹介します。

活躍の場の確保の仕方

セミナー講師としての活躍の場を確保する方法は、大きく分けて3つあると考えています。一つ目は知人が開催するセミナーの一部を担当させてもらう方法です。二つ目は「講師派遣会社」に登録し、講師の機会を与えてもらう方法です。三つ目は、自分あるいは仲間同士でセミナーを企画開催し、そのなかで講師を担当する方法です。

知人の企画するセミナーに講師として参加するには、それなりの人脈を持つ必要があります。著者の場合は資格仲間に誘ってもらった経験があります。日頃の資格仲間の情報交換のなかで、自分の得意分野を話しておいたため、セミナーを企画した資格仲間から、その一部の講師を依頼されました。

　もう一つは著者が会員になっているNPOからセミナーの一部を講師として依頼されたケースです。地域活性化を目的としたNPOなどでは、その活動の一環として起業、地域デビューなどをテーマとしたセミナーを開催することがあります。このようなNPOでは、会員の中から講師を募ることがよく行われます。

　「講師派遣会社」への登録とは、新しい企画が起きた時に、登録内容が講師として適切と判断されると指名が受けられる仕組みです。ホームページなどで、広く講師のエントリーを受け付けています。自分の経歴、得意分野を登録する方法です。実際に講師として採用された場合に、一定のフィーを差し引いた額の講演料が支払われる仕組みです。経歴が特殊で、ある分野で突出している場合などは、講師としての価値が高いため、採用される可能性が高くなります。ただそれだけに、初心者で、ありきたりの経歴であれば、なかなか講師の依頼はないかもしれません。ホームページで、どのような講師が登録され、どのような講演分野を得意としているのかを調べてみると良いでしょう。自分のできそうな講演テーマが受け入れられそうか、ある程度予測することができます。

　一番確実なのは、親しい仲間で企画し、企画の一部を講師として担当する方法です。セミナーを開催し、講師をする上で特に資格が必要なわけではありません。企画の内容が良く、プロモーションをうまく行い、集客さえ可能ならば、誰にでもでき

るといえます。

次に、個人あるいは仲間で企画したセミナーを地方公共団体や商工会などへ提案し、採用してもらう方法があります。ただしこの場合には、個人の力ではよほどの実績とそれなりの知名度がなければ採用されません。したがって、一般の人にとっては、NPO法人のような法人として企画をアピールすると良いでしょう。

個人よりもNPO法人の方が地方公共団体、商工会などからは採用されやすい傾向があります。この場合の法人も、地域での活動実績が十分にある、あるいはセミナーの企画者、講師が信用ある国家資格を持っているなど、それなりの信用力を備えていることが有利に働きます。NPO法人を設立する時に、国家資格保持者に理事として参加してもらうなど、ある程度の「格」をNPO法人に持たせることも、現実問題として必要なことです。

効果的なプロモーションの仕方

セミナー講師としての活躍の場を確保できても、それを効果的に外部にアピールできなければ、一時的な仕事の確保で終わってしまいます。ここでは継続的に活躍の場を確保していくためのプロモーションの仕方を紹介します。

①公的機関でのセミナー開催実績を利用する

プロモーションの有力な方法の一つに「公的機関でセミナーを開催した」という実績の利用があります。セミナーの企画が通り、いよいよセミナーの開催となると、チラシを作成したり、ホームページで紹介したりします。特に地方公共団体主催

のセミナーに参加できた場合は、地方公共団体のホームページや窓口で配られるチラシ、さらに各家庭に配布される広報誌に掲載されるケースがあります。

　地方公共団体のような公共機関でセミナーを行った実績を持っていると、団体や講師の信用力が上がるので、効果は抜群です。次回、自分たちで企画しプロモーションする場合にも、あるいは他の地方公共団体や商工会などへ企画を持ち込む時にも、その実績をアピールすることができます。

②セミナーのポータルサイトを利用する

　自分たちで独自にセミナーを企画した場合は、セミナーの告知方法が問題になります。例えば自分が所属するNPO法人主催のセミナーを企画したようなケースでは、NPO法人にホームページがあればそこで告知するのが手っ取り早い方法です。しかし、そのホームページのアクセス数が相当高くなければ、セミナーの申し込みは期待できません。

　そこで、このようなケースではセミナーの専用ポータルサイトの利用が効果的です。このポータルサイトには企画したセミナーの登録、告知ができます。申請すれば、セミナーのタイトル、概要、開催日時、場所、料金、主催者、講師のプロフィールなどを掲載してもらえます。セミナー専用のポータルサイトですから、アクセス者はセミナーの検索を目的にしていますので、申し込みを受けられる可能性が高くなります。このポータルサイトを経由して申し込みがあった場合は、セミナー料の一部をポータルサイトの運営者に支払う仕組みが一般的です。

③書籍を出版する

　講師の経歴を紹介する時に、著書が紹介されることがよくあ

ります。著書を持っている講師は立派な先生と評価されがちです。講師としてある程度幅広い活動をしたいと考えるならば、書籍の出版に挑戦することをお勧めします。著書のあることが強い肩書きになります。

　本を書くなんて一般の人には無理なように思われがちですが、良い企画であれば出版社から採用される可能性はあります。出版社も売れそうな企画を探しています。さらに、出版社のリスクを低減させる提案により、採用へのハードルを下げることができます。書籍を出版し、その書籍をいわばテキストにしたセミナーを開催するという方法です。出版社のリスクを少しでも下げるという意味で、書籍をセミナーのテキストに使うという提案は、結構強いアピールになります。セミナーを通してかなり販売できる自信があるならば、まとまった冊数を著者側で買い上げる約束もできます。この場合も実際にセミナー開催の実績があると、出版社へのアピール材料として有利に働くことはいうまでもありません。

　また、出版後のセミナーを出版社との共同企画で開催する方法もあります。出版社の知名度という高い集客力を利用できますし、出版社としても販売促進につながりますので、お互いにWIN-WINの関係を築けます。

④パブリシティ（無料の広報活動）

　書籍を出版したり、話題性のあるセミナーを企画開催したりした場合は、業界雑誌などの取材を受けることがあります。これだと純粋な記事ですから、無料で雑誌などに紹介されることになるので、経済効果は大変なものです。しかも雑誌に載った記事はそのまま、プロモーションの手段として使えます。つまり、別の企画を持ち込む時に、掲載記事を主催者側へのアピー

ルの材料に使うのです。

　地方公共団体のような公的機関が主催するセミナーを請け負うことができた場合も、いわばパブリシティといえるでしょう。公的機関のホームページで紹介されたり、チラシを配られたりするにもかかわらず、その広報費用はかかりません。しかも何といっても社会的な信用力は抜群です。

良い仕事がリピートオーダーを生む

　最も大切なことは、一生懸命に仕事をするということです。人はしっかりと見ています。良い仕事をすれば、再び仕事を依頼されたり、紹介されたりして、次々と仕事が広がっていきます。

　著者が以前、ある予備校で、単発の講師をしたときのことです。約5時間のセミナーが終わると、受講者の席から女性が名刺を持って、著者のところに挨拶に来ました。実はその方は、大手企業の教育担当者でした。教育担当者がセミナーを聴いていたわけです。著者のセミナーが面白かったということで、是非その会社でセミナーをやってほしいといわれました。時間の都合が合わず、お断りしましたが、人は見ているものだなあ、手を抜くことはできないものだなあ、とつくづく思ったものです。地方公共団体、商工会などでセミナーをやらせてもらう時も、セミナーの内容が良ければ別の企画の時に声をかけてもらえる場合があります。

　さらに、こちらから企画を持ち込んだ時も、好感を持って企画を聞いてもらえ、採用になる確率も高まるように感じます。セミナーを主催する側は、いろいろな講師のセミナーを聴きこんでいます。セミナーの良し悪しはすぐに見抜かれます。それ

だけに良い仕事をしなければなりません。受講者を相手にセミナーをやると同時に、主催者へのアピールの場でもあるわけです。

では、良い仕事というのはどのような仕事をいうのでしょうか。それは本書を通して一貫して述べてきたことです。プレゼンテーションのスキル、ターゲットに合った適切なテーマ、分かりやすい資料、経験に基づく興味深いエピソードなど。さらに受講者が満足してもらえるように、いろいろなアイデアを盛り込んだセミナーとし、それを情熱で持って講演することです。資料も何度も見直し、手を加える努力を惜しんではいけま

セミナー後のアンケート

セミナーを受講したとき、最後にアンケート用紙への記入を依頼されたことはありませんか。講師が自主的にアンケート用紙を作成し、アンケートを依頼する場合もありますが、通常は主催者側がアンケートを用意します。このため、講師にとってはどのような評価が下されるかヒヤヒヤものです。評価が悪いと、二度と声がかからないかもしれません。

アンケート結果を見るのは怖いものですが、反省と今後の参考のために、集計されたものだけではなく、アンケートの原文を読むべきです。主催者にアンケートの原本を見せて欲しいと申し出れば、まず見せてもらえます。

質問項目としては、セミナーの内容について参考になったか否か、分かりやすかったか否かを最低限聞きます。「5：参考になった、4：やや参考になった、3：どちらとも言えない、2：あまり参考にならなかった、1：参考にならなかった」というような

せん。

　注意すべきことは、セミナー講師を何度か体験し、しかも同様のテーマでセミナーが続き出すと、ついマンネリになり、初心を忘れがちになることです。この点に気をつけていれば必ず良い仕事ができます。

5段階評価が採用されることが多いようです。この5段階評価とともに、自由に意見を書き込んでもらう空欄が設けられるのが一般的です。

　「5：参考になった」「4：やや参考になった」の両方を合わせた割合が全体の90％以上であれば大成功、80％以上ならば成功、70％以上でまあ成功と自己評価して良いと、これまでの経験から判断しています。不思議なもので、なぜか徹底的に悪い評価を下す受講者が、ごく少数ではありますが必ずといって良いほど毎回含まれています。

　このような方は恐らく誰のセミナーを受講しても同じような評価をするのではないかと推察します。この評価に関しては、一応参考にはするものの、あまり気にしない方が良いでしょう。どちらかというと、「4：やや参考になった」ぐらいの評価をしつつ、自由に意見を書き込む欄に、具体的で手厳しいコメントを書いてくれた人の意見の中に、反省すべき点が多く書かれているように感じます。

第2章

講師に不可欠なプレゼンテーションとインストラクション技法

第2章 講師に不可欠なプレゼンテーションとインストラクション技法

　本章では、セミナー講師が講演や研修を行ううえで不可欠な技術である、「プレゼンテーション力」と「インストラクション力」について、以下の視点から解説します。

- プレゼンテーションの枠組みとそれを構成する要素には、どのようなものがあるか
- プレゼンテーション力を向上させるうえで知っておきたい考え方や技術には、どのようなものがあるか
- プレゼンテーションの基本構成は、どのように考えるべきか
- プレゼンテーションを実施するうえで活用するスキルには、どのようなものがあるか
- インストラクション力を向上させるうえで知っておきたい考え方や主な技法には、どのようなものがあるか

　さて、講師が活用する技術してのプレゼンテーションとイン

	セミナー	
	研修	講演
主な技術	インストラクション	プレゼンテーション
目的	体系的カリキュラムに基づく受講者の行動変容や能力向上	講師が持つ専門知識や考え方の習得
主催者の期待	受講者満足度に加えて主催(企業など)組織の目標達成	受講者満足と受講者目的の達成
時間	長時間(数日間にわたる場合もある)	短時間(90分〜3時間程度が一般的)
基本構成	オープニング、講義、講義内容に対する質疑応答、演習、集団討議、クロージングが基本構成	オープニング、講演、クロージングが基本構成
人数	あまり大人数には不向き	特に制限はない

ストラクションは、どのように異なるのでしょうか。その違いについて、以下に著者なりの考え方を述べてみます。

プレゼンテーションは、講師が主に講演を通じて自らの専門知識や考え方などを受講者に説明する場合に使用する技術です。それに対してインストラクションは、講師が研修を通じて受講者の行動変容や能力向上といった研修目標を達成する場合に主に使用する技術です。

ただし、プレゼンテーションが講演時のみに、またインストラクションが研修時のみに活用する技術というわけではなく、双方の技術は共に併用して活用されます。この違いを表にして示すと左表のとおりです。

本書の読者層は主に講演を行う講師を想定しています。講演時には受講者に演習や討議などを行ってもらう研修形式を伴う場合がありますので、その場合はプレゼンテーション力に加えインストラクション力も要求されます。そのため、第1節、第2節、第3節でプレゼンテーション力を、第4節で基本的なインストラクション力を説明します。

1 プレゼンテーションの法則をマスターする

講師には、受講者の状況に応じた効果的なプレゼンテーションが常に求められます。その意味において講師にはプレゼンテーション力が不可欠です。プレゼンテーションは、例えば大脳生理学や心理学などの科学を基礎とした技術ですから、正しい知識を基に訓練を積めば誰でも必ず上達します。

ところで、講師に必要なプレゼンテーションとは何かを考え

てみましょう。一般的にプレゼンテーションとは、話し手の主張・考え・知識などを、限られた時間のなかで効果的にパフォーマンスを上げることによって、聞き手の理解、納得、共感を得て、聞き手に話し手が意図する何らかの変化を起こしてもらうためのコミュニケーション活動といわれています。

しかし、講師が行うプレゼンテーションは、上記の定義とは若干の違いがあると著者は考えています。すなわち講師が行うプレゼンテーションとは、講師が持つ専門知識や考え方などを受講者に理解、納得、共感してもらうことによって、受講者満足と受講者目的を達成するためのコミュニケーション活動であるということです。

以下、この定義にしたがって、講師が具備すべきプレゼンテーション力について解説します。

プレゼンテーションの枠組みを理解する

プレゼンテーションにおける講師と受講者の関係を図示すると、下図のように表すことができます。

下図について、解説します。

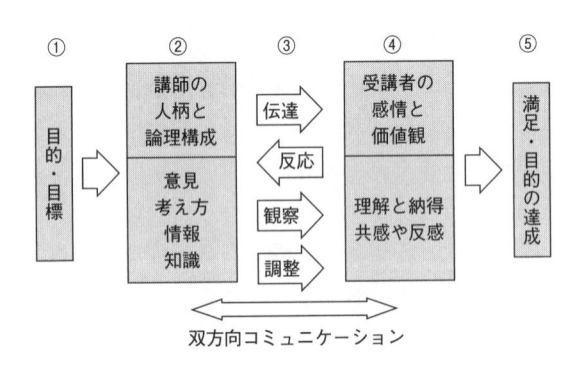

① 目的・目標 → ② 講師の人柄と論理構成／意見・考え方・情報・知識 ③ 伝達／反応／観察／調整 ④ 受講者の感情と価値観／理解と納得・共感や反感 → ⑤ 満足・目的の達成

双方向コミュニケーション

①目的と目標の確認

講師は、プレゼンテーションの目的は何（What）で、なぜ（Why）行うのかを、明確にすることが不可欠です。例えば「知識や情報を正確に伝え受講者の理解を深めることが目的か」「受講者が実際にできるようなスキルを身につけることが目的か」、あるいは「受講者に講師の考え方を理解してもらうことが目的か」などといったプレゼンテーションの目的を確認することです。そしてどのレベルまで受講者に変化してほしいのか、その到達目標（ゴール）を設定しておくことも求められます。

②講師の人柄と論理構成

カリフォルニア大学のアルバート・メラビアン教授が1971年に発表した「メラビアンの法則」については、ご存知の読者も多いと思いますが、以下で改めてメラビアンの法則を再確認しておきましょう。

メラビアンの法則は、コミュニケーションにおいて、話し手（講師）が聞き手（受講者）に与える影響のうち、どの要素が最も聞き手に対して影響を及ぼすかを数値化したものです。それによると、プレゼンテーションに必要な要素とその影響度合いは、大きく分けて下表に示すとおりです。なおメラビアンの法則は「3つのPの法則」ともいわれています。

人柄とは、いわゆる「見た目」のことであり、講師の態度や

人柄 Personality	伝え方 Presentation skill	話す内容 Program
55%	38%	7%

表情、姿勢、身だしなみ、手ぶり、身ぶり、アイコンタクトなど視覚から受ける講師の印象全体をいいます。

次に伝え方とは、声の高低や強弱、声の質、話す速度や緩急、話の間、口調など聴覚から受ける印象をいいます。そして話す内容とは、文字どおり、言語によって伝えられる情報のことで、「人柄」と「伝え方」をノンバーバル、「話す内容」をバーバルということもあります。

前ページ表にあるとおり、受講者に与える影響が大きい順に、人柄、伝え方、内容の順番で、プレゼンテーションにおいては、「話す内容」はわずか7%しか影響を与えておらず、講師が醸し出す「雰囲気や態度や表情」そして「伝え方・話し方」といった、いわゆるノンバーバル・コミュニケーションが圧倒的に強い影響力を受講者に与えるというものです。

次に論理構成ですが、プレゼンテーションでは、まずしっかりした論理に基づくストーリーの組み立てが必要です。ストーリーの組み立てに無理があったり、飛躍があったりすれば、個々の説明がどんなに良いものであっても、「受講者の理解」と「受講者満足」を得ることはできません。ではしっかりしたストーリーを組み立てるには、どのような準備が必要でしょうか。

以下に自分達でセミナーの企画・開催を行う場合を想定して、必要な準備事項を説明します。

i　ターゲットの明確化

企業が何か商品を企画する場合は、どのようなテーマで商品企画を行うのかを決め、次に「買ってほしいターゲット顧客は誰か」「買ってほしいターゲット顧客が持っているニーズは何か」、そして「ターゲット顧客のニーズを満たすためにわが社

のどのような技術を活用するか」の3つの軸を明確にして商品企画を行います。セミナーであってもそのアプローチは商品企画と同じです。

・テーマと聞いてほしい対象を決める

テーマとは、セミナーにおいて講師が一貫して主張したい命題のことで、主要テーマとサブテーマから構成されます。テーマとセミナータイトルは、良く混同して使われますが、本書では区別して使用しています。

テーマ、ターゲット、セミナータイトルの関係を示せば、例えばセミナーのテーマが、「ネットを活用して売り上げを増やす」ことで、かつ聞いてほしい対象が「小規模商店の店主」であれば、セミナータイトルは、「小規模商店主のためのブログ活用による売上倍増対策セミナー」とするなどが考えられます。

次に、自分達のセミナーをどのような人に聞いてほしいのか、その対象を決めることが必要です。誰にでも来てほしいというセミナーは、結果的に誰も参加してくれないセミナーになってしまいます。

・ニーズを想定する

本来ならば、ニーズの把握という言葉を使用すべきですが、オーダーメイドで行うごく少数のセミナーは別として、現実的には、参加予定者の共通的なニーズを想定してセミナープログラムを組み立てていきます。ここでいうニーズとは、受講者があるべき姿として描く欲求のことで、例えば「セミナーに参加して○○ができるようになりたい」といった現状からの変化に対する期待のことです。

ここで重要なことは、現実には受講者一人ひとりのニーズが異なるという点です。個々の受講者の現状レベルやゴール（あ

るべき姿）は、一人ひとり異なるのが当然です。その点に対処する方法として、受講者に対する「事前アンケート」を実施する方法があります。この方法は、アンケート結果を踏まえてセミナーを実施することで、想定したニーズと実際のニーズとのギャップを完全ではないものの、できる限り埋めるために行います。

・セミナーコンテンツを開発する

すべてのセミナーコンテンツを最初から開発することは、実質的に不可能です。したがって自分達が持つ中核コンテンツを中心に、不足しているコンテンツを一部追加したり、修正して開発する方法が一般的です。

ⅱ　セミナーチラシの作成

自分達でセミナーを主催する場合は、セミナーチラシの作成から行わなければなりません。また自分達が企画したセミナーを商工会議所や地方公共団体などに売り込む場合も、セミナー企画案とともに、セミナーチラシ案があると、企画の通りも早いようです。

セミナーチラシに記載する項目には、一般的に「セミナータイトル（サブタイトルを含む）」「リード文（受講メリットなどを分かりやすく伝える文書）」「セミナー開催日時」「セミナー会場」「申し込み方法」「申し込み期限」「セミナー講師名」「受講対象者」「セミナー受講料」「募集人数」などが必要です。なお、開催するセミナーが既に実績のあるセミナーの場合は、前回参加者の感想（コメント）を入れると効果的です。

・ターゲットが参加しやすい日時を決める

サラリーマンであれば、土曜日の午後が集まりやすいですし、子どもを幼稚園に通わせている若いお母さんが対象であれ

ば、一般的に水曜日は幼稚園の早帰りの日なので、水曜日は避けたほうが無難です。このように、ターゲットが参加しやすい日時を設定することが大切です。

・タイトルを決める

セミナータイトルは、命題調のタイトル（「○○は○○である」）を基本とした、受講者がセミナーに参加して得られるメリットが伝わるタイトルをつけましょう。書籍もタイトルのつけ方によって売れ行きが著しく違うように、セミナーもタイトルの良し悪しで参加者数が大きく違ってきます。そのような意味から、売れている書籍のタイトル、サブタイトルの付け方はとても参考になります。コラム（P110参照）で、避けたいタイトルの設定例を書きましたので参考にして下さい。

・チラシ作りの留意点

セミナーチラシは、集客のために作成するものです。集客するうえで、チラシ作りには、幾つかのポイントがあります。

第1のポイントは、チラシの形は「A4判縦長のデザイン」にすることです。なぜA4判縦長のデザインにするかといえば、チラシを置いてくれる場所、例えば地方公共団体、商工会議所、金融機関の窓口、公立図書館などに設置されているケースが、A4判縦長の形をしているからです。仮に横長のチラシを作成した場合は、首を横に向けてチラシを見ることになってしまいます。これでは訴求力がありません。

第2のポイントは、「セミナータイトル」などの訴求ポイントは、チラシの上から3分の1に記載する必要があります。なぜチラシの上部3分の1に記載する必要があるのでしょうか。これも、セミナーチラシを入れるケースと関係しています。最前部に置かれたチラシは別として、それより後ろに置かれたチラシは、チラシが重なるため上から3分の1程度しか見えず、

下3分の2が隠れてしまうからです。

第3のポイントは、タイトルに使用する書体は、テーマと合致する書体を使うことです。例えば「中高年女性向け　源氏物語を読み解くセミナー」であれば、ゴシック体よりも草書体の文字を、また「公益法人制度改革セミナー」というお堅いタイトルであれば、遊び感覚のポップ体よりも、ゴシック体の文字を使用するなどです。

iii　受講者の分析

セミナーを実施するにあたっては、受講者のレディネス、期待、性別や年齢といった受講者の特性を把握しておくことが必要です。

・受講者のレディネスを把握する

レディネスとは、受講者の学習準備性をいいます。講師は、セミナー効果を上げるため、受講者の準備状況や知識レベルを把握しておき、使用する用語もそれらに合わせて使うことが必要です。

例えば同じ名称なのに異なる意味を持つものをホモニム（同名異義語）、同じ意味なのに異なる名称を用いることをシノニム（異名同義語）といいますが、ホモニムの例では、講師は「得意先」という言葉を使って「取引先」を説明しているつもりが、受講者は「出荷先」と理解するなどは企業に招かれて行うセミナーではよくあることです。

また、技術用語や略語を使用する場合も同様の注意が必要です。例えばコンピュータ業界でごく一般的に使われている「B2B」という用語を一般の受講者を相手に使用する場合は、「法人対法人の取引をビジネスtoビジネスといいますが、今日は、B2Bと略させていただきます」というようにあらかじめ説

明して使うことが必要です。

・受講者の期待を把握する

企業からセミナーを依頼される場合は、受講者のニーズをあらかじめ企業のセミナー担当者とヒアリングを行うことによって、かなりの程度まで把握することが可能です。

しかし、受講者の期待を把握することが難しいのが、地方公共団体から依頼された場合です。地方公共団体が開催するセミナーは、広く一般大衆が受講するため、受講者の期待を事前に把握することが困難です。ではどうすれば良いのでしょうか。著者は、自分が今回のセミナーで最も聞いてほしいと考える受講者のイメージをまず想定します。

次にその最も聞いてほしい受講者が持っていると考えるニーズや関心を自分なりに明確に想定してプレゼンテーションの組み立てを考えるというやり方で行っています。この方法をプロダクトアウト法といいますが、著者の場合は、上手く活用できているので、読者諸氏も一度活用してみることをお勧めします。

・受講者特性を把握する

性別や年齢といった受講者特性を把握することによって、話の展開や切り口をある程度受講者の興味・関心に合わせることができます。例えば定年退職後の男性がターゲットの場合は、彼らに共通して関心の高い、「そば打ち情報」や「歴史秘話」などのエピソードを上手くセミナーのテーマと関連づけて披露することにより、受講者は関心を持って受講してくれるものです。

なお受講者の人数によって、聞き手の反応が全然違ったものになります。人数が多いと、会場の雰囲気が冷たく硬いものになる傾向がありますが、少人数だと比較的アットホームな雰囲気でセミナーを行うことができます。参加者の規模によって、

活用するアイスブレイキング手法(第3章第2節　P131参照)も異なります。

③伝達・反応・観察・調整

　講師は、自らの意見・考え方・情報・知識などを受講者に対して伝達しますが、当然一方通行の伝達ではなく、そこには双方向のコミュニケーションが不可欠です。

　コミュニケーションという言葉は、「コムとユニケーション」から構成されています。「コム」はお互いという意味であり、「ユニケーション」は結び付けるという意味を持っています。ですからコミュニケーションは、お互いを結び付けるという意味であり、一方的に情報を伝達するだけでは、コミュニケーションとはいえません。

　双方向性の高いセミナーを行うためには、講師に「反応力(本章第2節のRISKのルール参照)」が必要です。講師には、受講者の反応をよく観察し、その反応に合わせて自身のプレゼンテーション方法を調整できる技術が不可欠であり、その力がなければ、「受講者の理解、納得」はもちろん「受講者満足」を得ることはできません。

④受講者の感情と価値観

　講師は、受講者に自らの講演内容を理解してもらえるよう一生懸命プレゼンテーションを行います。場合によっては、理解を超えて共感を与えることもありますが、逆に反感を買ってしまう場合もあります。ではそれを分ける要因について、著者なりの見解をアドラー心理学に沿って述べてみます。

　アドラー心理学は、オーストリアの精神科医であるアルフレッド・アドラーが創始し、彼の後継者たちによって確立された

心理学の理論、思想の体系です。アドラー心理学理論の6つの要点のうち、下記の3点について簡単に説明します。
- 人間の行動には目的がある（目的論）
- 人間は自分なりの主観的な意味づけを持って物事を把握する（認知論）
- 人間のあらゆる行動は対人関係である（対人関係論）

i 目的論

人間には意志があり、意志には必ず目的があるという考え方です。受講者は、講師の説明が受講の目的を達成すると考える場合に、理解や納得を示すというものです。例えば講師の説明のなかに、「そうか、その方法で行えば解決できるんだ！」と感じる場面が多ければ多いほど、受講者の納得を得やすくなります。

反対に、受講者の反感にも目的があります。講師の意見を受け入れると、自分に何らかの不利益やマイナスが生じる場合です。例えばセミナーの内容が、「能力に連動した人事制度の導入について」というものであったとします。その人事制度が導入された場合は、賃金が下がるかもしれないという不安があれば、講師の説明がいかに良いものであっても、受講者に反感が生じます。

ii 認知論

認知論とは、「私的理論」とも呼ばれ、人間は、誰でも自分特有のものの見方、価値観があるという考え方です。受講者はこれまでの経験や体験を基に形成された自分特有のフィルターを通じて解釈や意味づけを行い、この解釈や意味づけが講師と異なる場合は、受講者の理解や納得が得られません。

一対一のコミュニケーションの場合は、相手の私的理論を注意深く観察し、自分の私的理論との架け橋をつくり、互いの共感を生み出すことは、少し訓練や勉強をすれば可能かもしれません。

　しかし、多数の受講者を相手にする場合はどうすれば、講師と受講者の私的理論の架け橋づくりが可能になるのでしょうか。これはあくまで著者の私見ですが、セミナーのオープニング段階で行われる、「挨拶」と「自己紹介」、そして「タスキ掛け」の3つに鍵があると考えています。この3つの行為で、受講者との共感を生み出すことができます。詳しくは、本章第2節（プレゼンテーションの基本構成を理解する）で説明しますが、そのポイントは、

・受講者にメリットがあるセミナーであることを伝える
・受講者が必要と考える知識やスキルを持っている講師であることを伝える
・好感度がアップする第一印象にこだわって登壇する
・講師の人間的な側面を開示する
・講師の積極性、情熱を伝える

であると考えています。

iii 対人関係論

　対人関係論とは、人間の行動はすべて対人関係行動であり、人間がとる行動はいつも特定の誰かを想定して行動するという考え方です。講師が講義だけを続けていると、聞いているのか、寝ているのか分からない受講者であっても、グループを作りグループ内で演習や共同作業をさせると、受講者に「他の受講者の仲間はずれになりたくない」「仲間と協調したい」という意識が働くことによって、急に学習意欲が高まるということ

が起こります。講師は、受講者のこうした意識を上手く活用したセミナーを行うとともに、受講者と良い人間関係を構築できる高いコミュニケーション能力が必要です。

⑤受講者の満足と目的の達成

本章第4節（効果の高い研修を行うための考え方）で、「受講者満足度が高い研修」の要素について説明していますが、受講者満足の高いセミナーを行うには、講師にプレゼンテーション力、コンテンツ力（セミナーで使用する資料の作成および組み立てを行う能力：第4章参照）、ファシリテーション力（受講者を巻き込みセミナーを活性化させる能力）が必要です。本書では紙面の関係上ファシリテーション力については触れませんが、最近はビジネスパーソンの必須能力の一つとして、ファシリテーション関連書籍が数多く出版されているので、是非一読されることをお勧めします。

なお、受講者が満足し、受講目的を達成したかどうかを測定する方法の一つに受講者アンケート法があります。この方法は受講者が、例えば5段階評価などによって講演内容を評価する方法です。参考までに、我々がセミナーで通常使用しているアンケートの様式をコラム（P116参照）に提示したので参考にして下さい。

プレゼンテーションの4つのルールとは何か

ここでは、受講者にとって分かりやすく、かつ印象深く、結果としてプレゼンテーションの成果につながる押さえておきたい以下の4つのルールについて説明します。

①伝達効率最大化のルール

②RISK（リスク）のルール
③演技力最上位のルール
④分かりやすい説明のルール

①伝達効率最大化のルール

受講者の理解は、下式によって表すことができます。

受講者の理解＝「伝達量(情報量)」×「伝達効率」

理論的には、受講者の理解を最大化するアプローチには次の3方策が考えられます。
・伝達量を高める
・伝達効率を高める
・伝達量と伝達効率の両方を高める

プレゼンテーションでは、セミナー資料に記載する伝達量（情報量）は少なくし、その代わりに伝達効率を高めることによって、受講者の理解を最大化するというアプローチを採ることが必要です。これを「伝達効率最大化の法則」といいます。

i 伝達量が多すぎる弊害

例えばパワーポイントのスライドに表計算ソフトの「Excel」で作成したセミナー資料が映し出されている場面を想像して下さい。このスライドは、非常に小さな文字で、かつ大量の数字がぎっしりと詰まっているスライドです。当然このスライドは、伝達量は非常に多い訳ですが、字が小さすぎて受講者には見えません。

受講者は、最初は見ようと多少は努力するかも知れません

が、そのうち見ることを諦めてしまいます。諦めた段階で、受講者の集中力が途切れてしまい、その後受講者が集中力を回復するには、相当の時間を要します。

また人間は、心理学的に大きい物に権威を感じるという本能を持っています。例えば大豪邸や大きなビルディングは、それだけで立派で権威あるものと映ります。逆に小さな物は、重要度が劣ると感じてしまうのです。このことはセミナー資料においても同様です。

さらに小さい文字が沢山載っているセミナー資料は、受講者に圧迫感を与えます。その圧迫感が、受講者のストレスとなり、脳の情報吸収力の低下を招きます。ですから使用する文字は、比較的大きな文字で、必要以上に情報量を増やさないことが必要です。

ii　セミナー資料には根拠数字や詳細情報は載せない

セミナー資料には、根拠数字や詳細情報を載せないようにします。なぜかというと、根拠数字を見せられると受講者は、その根拠が正しいかどうかの分析作業に入り、講師の話に集中しなくなるためです。また詳細な情報は、必然的に伝達量が多くなるため、前述した「伝達量が多すぎる弊害」を生じます。

詳細なデータを示す必要がある場合は、ポイントとなる数字や結論となる情報を大きな文字でまず提示し、その後必要に応じてその根拠となる詳細な数字や情報を参考資料として提示します。

iii　伝達効率を最大化する

プレゼンテーションでは、伝達効率を最大化することによって受講者の理解を高めることが必要だと述べました。この「伝

達効率を最大化する技術」こそがセミナー講師が具備すべきプレゼンテーション力を意味します。このことについては、本章第2節1項、第3節1項および第3章で説明します。

② RISK（リスク）のルール

プレゼンテーションというと、「説明のスキル」と思われがちですが、説明のスキルを向上するだけでは、効果的なプレゼンテーションはできません。

効果的なプレゼンテーションを行うためには、プレゼンテーションに不可欠な4つの力を意味する、「R（反応）・I（意志）・S（覇気）・K（知見）」に対する正しい理解とこれらの力をバランス良く鍛えることが必要です。以下にそれぞれについて説明します。

ⅰ 反応（Reaction）とは

反応（Reaction）とは、講義や講演に対する受講者の反応や会場の雰囲気を読み取り、受講者の反応や会場の雰囲気に応じてプレゼンテーションのやり方を修正することをいいます。具体的には、「退屈している受講者はいないか」「理解できていない受講者はいないか」、さらには「受講者は疲れていないか」など、受講者の反応をよく観察し、その反応に合わせたプレゼンテーションができる能力のことです。

例えば疲れている人が予想以上に多いようであれば、当初のプログラムにはなくとも、気分転換のために体操や休憩を入れてみる、講義から急きょ演習や討議に切り替えてみる、また理解されていないと判断すれば、話し方を平易な話し方や別の視点からのアプローチに変える、さらには質問技法（第3章第3節参照）を多用するなど、受講者の状況に応じたライブ感覚の

プレゼンテーションを行う能力のことです。

ii 意志 (Intention) とは

意志 (Intention) とは、受講者に是非これを訴えたいというプレゼンテーションにおける講師の主張やメッセージをいいます。メッセージには、プレゼンテーションの途中で受講者に訴えるサブメッセージと最後に主張したい最終メッセージがあります。メッセージ性のあるプレゼンテーションは、受講者の態度や行動に何らかの変化を起こす力を持っているので、プレゼンテーションでは、プレゼンテーションの目的と受講者の期待を踏まえてストーリーを論理的に組み立て、最終メッセージにつなげることが必要です。

そのうえで、目的に合った効果的なタイトルを付けることです。基本的にタイトルは、話の命題（テーマ）から生まれるので、講師は話すテーマを具体的かつ受講者メリットが伝わるタイトルにすることで、まず「聴いてみたい」という気持ちを受講者に抱かせることが必要です。そして単に講義するだけではなく、さまざまな技法や技を活用し受講者を動機づけ・共感・感動を与えることが、結果として受講者に明確なメッセージを残すことに繋がります。

iii 覇気 (Spirit) とは

覇気 (Spirit) とは、受講者に向かう講師の気合・エネルギーをいいます。講師が放つ覇気、気合、エネルギーは、「やる気のある講師」という印象を受講者に与え、好感を持って迎えられます。例えば講師が顔も上げずに演台上のセミナー資料だけを見て「ボソボソ」と話をし、受講者とアイコンタクトもとらずに、セミナーを行う場面を想像してみて下さい。そんな講

師の話からは、受講者の理解、納得、共感を引き出すことは不可能です。

しかし「覇気、気合、エネルギー」といっても、それは元気一杯に大声を張り上げるプレゼンテーションではありません。それは自分のプレゼンテーションが、受講者にとって必ずメリットをもたらすという強い信念と情熱を持つことを意味します。コミュニケーションも同じですが、相手に何かを伝えようと思ったら、伝える側に「伝えたい」という情熱とエネルギーがあることが不可欠です。

iv 知見(Knowledge)とは

知見(Knowledge)とは、講師の話す内容が、受講者を惹きつけ、何らかの意味や発見を見いだすことができる講師の高い専門性をいいます。例えば「そういうこと、ある、ある!」「そうか、その方法でやればできるんだ!」「ヘー! そんなこともあるのか、職場の皆に教えよう!」といった、思わずメモをとりたくなるような話や斬新な視点での話など、講師の知識や考え方などに、受講者が共感と新しい発見を見いだすことができる能力のことです。講師には、受講者の共感とともに、新たな発見や気づきを生む高い知見が不可欠です。

③演技力最上位のルール

受講者は、講師を非常に良く観察しています。講師にかなりの知名度や社会的な地位がある場合を除いて、通常の場合受講者は、外見を通じて講師の内面やレベルを勝手に推測するものです。「態度のでかい講師でどうも好きになれないなー!」「野暮なスーツを着て頼りなさそうな講師だなー!」「暗そうな印象の講師だから今日のセミナーはきっと面白くないなー!」とい

った具合です。

　セミナー講師は、受講者に常に「見られている」ことを忘れてはいけません。講師に必要な見せる魅力の演出法と役者的パフォーマンスである演技力（第3章参照）は、受講者と直接接する最前線のスキルなので、この演技力に優れていると、仮にプレゼンテーションの組み立て方に多少問題があったとしても、それをカバーすることが可能です。

　著者の友人の講師に、常に90％以上の受講者から、アンケートで5段階評価の最上位評価（5：最高）をもらう講師がいます。この講師のプレゼンテーションは、著者の見る限り、「知見もストーリー構成も並みレベル」ですが、それを補完して余りある演技力、換言すれば「華」があるのです。

　その講師曰く、演技の見せ場は、本番一発勝負なので、本番前には入念なリハーサルを徹底して行うそうです。その講師が行っている「オン・ビデオ」手法をコラム（P114参照）で紹介したので、読者もプレゼンテーション力をアップさせるために活用してみることをお勧めします。

④分かりやすい説明のルール

　分かりやすい説明を行うには、「脳の情報処理ルール」を理解することが必要です。そのため、脳と記憶の関係を簡単に説明します。

　脳には、海馬（かいば）という器官があり、視覚や聴覚を通じて得られた情報は、まず最初に海馬で短期間記憶された後、必要な情報だけが選別されて大脳皮質に送られ、長期間記憶として保存される仕組みになっています。

　記憶は、「短期記憶」と「長期記憶」に分けられます。短期記憶とは、必要なときだけ記憶され、不要になったら忘れる記

憶のことで、長期記憶とは、思い出や身体で覚えた記憶のように、記憶が固定し忘れにくい記憶のことです。

受講者が情報を理解するには、情報がいったん短期記憶というゲートを通過する必要があるので、そのためのポイントを3つ示します。

i 短期記憶は脳のバッファメモリ

バッファメモリとは、コンピュータの入出力処理時に、入力と処理との間に生じたタイミングのずれを補う目的でデータを一時的に保管するためのコンピュータ上の記憶領域のことです。このバッファメモリは、記憶容量が少ないため、あまり大きなサイズの情報を保管することができません。

脳の短期記憶もバッファメモリと同じで、一度にあまり大きなサイズの情報が送られてきても、容量オーバーを起こし記憶することができません。ですから、「Excel」で作成した大量の数字がぎっしり詰まった資料を見せるといったプレゼンテーションは、脳がスムーズに情報処理を行うことができないという意味で悪いプレゼンテーションの典型です。プレゼンテーションにおいて提示する情報は、脳がスムーズに情報処理することができるように適当な情報サイズに分割されていることが必要です。

ii 情報構造の事前整理

脳は、複雑な構造を持つ情報をスムーズに処理することができません。そのため、情報を事前に分類・整理・加工して提示することが必要です。

経営コンサルタントが使う手法のひとつに、「客観化」と「構造化」という手法があります。

客観化は、数値化、位置化、チャート化の3つの要素に分けられます。数値化は、文字通り客観的かつ正確に伝えるために情報を数値で表すことで、位置化は、例えば製品軸と市場軸などの軸（右図2-1参照）を決めて情報をマトリックス化したり、ポジショニング（右図2-2参照）したりして表すことです。またチャート化は、情報の意味を見やすくインパクトある形で伝えるために、グラフ化、図形化するなどして表すことです。一方、構造化（右図2-3参照）は、情報の上下関係や相関関係を構造化して表すことです。

図2-1

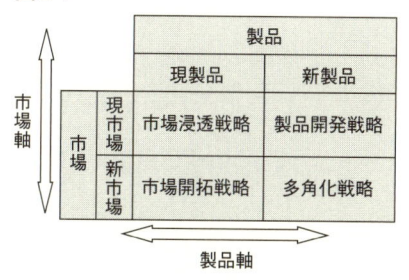

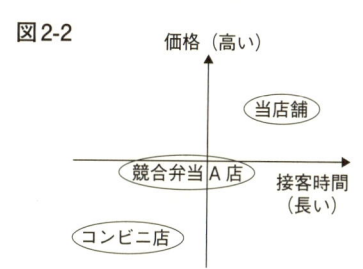

	製品	
	現製品	新製品
現市場	市場浸透戦略	製品開発戦略
新市場	市場開拓戦略	多角化戦略

（市場軸／製品軸）

図2-2

価格（高い）／接客時間（長い）
当店舗
競合弁当A店
コンビニ店

図2-3 構造化におけるヒエラルキーの例

経営理念
経営戦略
経営計画

情報の意味を正しく客観的、かつ分かりやすく伝えるには、上記のような手法を使って情報を事前に分類・整理・加工し、情報の構造を単純化して示すことが必要です。

ⅲ 理に適っている

人間が情報を受けいれるためには、脳のフィルターを通過し

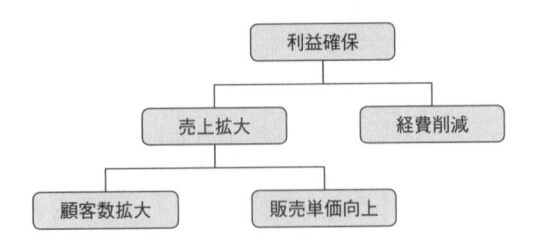

```
          ┌──────────┐
          │ 利益確保 │
          └──────────┘
           ／      ＼
    ┌──────────┐  ┌──────────┐
    │ 売上拡大 │  │ 経費削減 │
    └──────────┘  └──────────┘
     ／     ＼
┌──────────┐ ┌──────────────┐
│ 顧客数拡大│ │ 販売単価向上 │
└──────────┘ └──────────────┘
```

なければなりません。人間は、無意識のうちに自身のこれまでの経験や成功体験などによって形成されたフィルターを通して、インプット情報を判断します。そのフィルターを通過するために最も大切な点は、理にかなっていること、すなわち論理的であることです。脳は論理的でなければ、「腑に落ちない」あるいは「納得できない」話として、その情報の受け入れを拒否します。

以下に、情報を論理的に構造化するためのロジックツリーという手法を紹介します。ロジックツリーとは、上図のように情報を構造化してツリー状で示す手法です。

ロジックツリーで表現すると、「問題の全体像が明確になるため全体把握が容易になる」「それぞれの内容の因果関係を明確にできる」「ストラクチャーの頂点に目的があるため説明が分かりやすい」といったメリットがあります。

伝える内容は、例えば上記のような手法を活用して、情報構造を論理的に整理したうえで説明することが必要です。

2 プレゼンテーションの基本形をマスターする

本節では、プレゼンテーションを組み立てるうえで一般的に

活用されている基本構成と講師が行うセミナー内容を受講者にしっかりと伝え、そして良く覚えてもらうためのアプローチ法について解説します。

プレゼンテーションの基本構成を理解する

　プレゼンテーションの基本構成には、これでなければならないという明確なルールはありませんが、下図に示すように、まずオープニングがあり、次に本論・結論、そしてクロージングで終わるのが一般的な基本形です。セミナー講師が行うプレゼンテーションでは、いきなり本論から入るということは、原則的にはありません。

　下図について、順番に説明します。

①オープニング

　オープニングは、講師が行うプレゼンテーションに対して受講者の注意を引き、興味・関心を持ってもらい、さらにセミナーに対して聞く価値がありそうだという欲求を抱いてもらうことが目的です。

　オープニング時は、緊張もあって詰まりやすいので、しっかりと出だし部分の練習を積むことが必要です。

　ところで、マーケティング理論のなかにアメリカのローランド・ホールが提唱した、「AIDMA（アイドマ）」という消費者

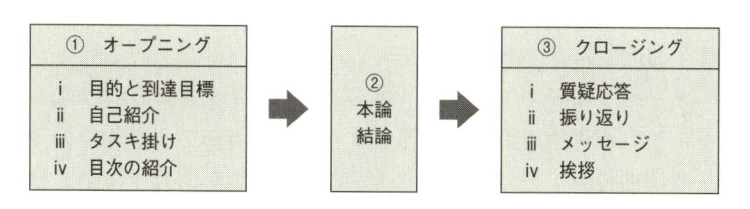

① オープニング	② 本論 結論	③ クロージング
ⅰ 目的と到達目標 ⅱ 自己紹介 ⅲ タスキ掛け ⅳ 目次の紹介		ⅰ 質疑応答 ⅱ 振り返り ⅲ メッセージ ⅳ 挨拶

が商品の購入に至るまでの心理的なプロセスをモデル化した理論があります。

- 注意：消費者は存在を知らないモノは買えない
- 関心：消費者は知っていても興味・関心がないモノは買わない
- 欲求：関心があってもほしいと思わないモノは買わない
- 記憶：ほしいと思っても忘れてしまうモノは買えない
- 行動：実際に購入の機会がなければ買えない

注意 Attention → 関心 Interest → 欲求 Desire → 記憶 Memory → 行動 Action

オープニングは、AIDMAモデルにおける「注意・関心・欲求」の各段階を刺激することが目的です。すなわちオープニングは、「おう！ 面白そうだな!」と注意を引き、そして「ちゃんと聴いてみようかな!」と興味・関心を抱かせ、「自分の抱える問題を解決してくれるかもしれない。聴く価値があるぞ!」と欲求を刺激して、受講者を本論に引き込むための活動です。

オープニング部分は、以下の4つに分けられます。

i　目的と到達目標
ii　自己紹介
iii　タスキ掛け
iv　目次の紹介

i　目的と到達目標

セミナーを開始するに当たっては、目的と受講者のメリット、そして受講者の到達目標（ゴール）をはっきりと提示することが必要です。目的と目標は、よく混同されがちですが、目

的はセミナーの意図している事柄であり、目標は行動レベルで示される評価が可能な達成基準のことです。

例えばセミナーの目的が、「コミュニケーション能力の向上」であれば、目標はコミュニケーション能力のうち、「上司に対して自分の正直な意見を自信を持って伝えることができるようになる」ことと設定することができます。

ii 自己紹介

オープニングでは、自己紹介を行います。自己紹介を行う主な目的は、3つです。第1は、あなたの名前を覚えてもらうことです。ですから名前は、フルネームでいうのが鉄則です。

第2は、あなたを○○の専門家として信頼してもらうことです。これは同じ情報でも誰が語るかによって受講者の信頼度が違うからです。

第3は、あなたに良い印象を持ってもらうことです。自己紹介の仕方については、第3章第2節で詳説しますので、ここでは、自己紹介に盛り込むべき下図の4要素について説明します。

| 挨拶 | → | 名乗り | → | セールスポイント | → | 自己紹介のクロージング |

・挨拶について

よく演台の枠から出ることなく自己紹介をする講師がいますが、これはいただけないやり方です。きちっと壇上の中央に出て挨拶すべきです。また自分の身体の前に、自分を防御するような形で講演資料を持って挨拶する講師がいますが、これも好ましいことではありません。要は、講師と受講者の間には遮断

する壁を作らないほうが良いのです。

・名乗りについて

名前は、前述したとおりフルネームで紹介しましょう。もし幸運にもインパクトのある名前をお持ちであれば、その特徴を十分活用してみましょう。私の友人のセミナー講師に、「鉄尾」という講師がいます。彼は自己紹介するときには、必ず「アイアンテールの鉄尾○○です。しかし、妻には軟弱者といつもいわれています」といって、受講者の笑いを誘ってから話を始めます。

・セールスポイントについて

セールスポイントは、あれもこれもではなく、ひとつに絞って嫌味にならない伝え方をしましょう。セールスポイントで伝える内容は、学歴や職歴ではなく、自分の経験や技術、マインドを伝えるようにしましょう。自分でいうと自慢や嫌味にとれかねない内容は、司会者にいってもらうと効果的です。著者は、「指定管理者制度」に関する講演をよく依頼されるのですが、自分で話すと絶対に嫌味にとられる内容は、下記のように司会者に上手くティーアップしてもらっています。

「先生が支援した事業計画書は、指定管理者制度のコンペティションで負けたことがないという勝率10割を誇るカリスマ講師菅原邦昭先生をご紹介します。(以下省略)」

・自己紹介のクロージングについて

第3章第4節で「エンディングは印象的に」と述べていますが、これは自己紹介のクロージングでも同じです。クロージングは、受講者を巻き込むポジティブな形で締めくくりたいものです。例えば次のようなクロージングです。「今日のセミナーがみなさんにとって価値あるセミナーであるように、私も全力で務めます。積極的なご参加をお願いいたします!」

ⅲ　タスキ掛け

　タスキ掛けとは、受講者をリラックスさせ、緊張感を解きほぐし、受講者との距離を縮める行為のことです。タスキ掛けと同じような効用を持つものに、アイスブレイク手法（第3章第2節参照）があります。効果的なタスキ掛けを行うことができれば、あなたのプレゼンテーションは、よりスムーズに受講者に受け入れられるはずです。ここでは、言葉と図形を使うタスキ掛けの方法をコラム（P106、109参照）で紹介します。なお、タスキ掛けの内容は、セミナーのタイトルやテーマとの一貫性が必要なので、話すテーマごとに幾通りかあらかじめ用意しておくことが必要です。

ⅳ　目次の紹介

　目次とその概要を説明することは、受講者の理解の促進と不安解消に役立ちます。あらすじの説明がなければ、受講者は非常に不安感を抱きます。その不安を取り除くためにも、どのような内容をどの程度の所要時間で説明するかをオープニング時に予告することが必要です。

　またプレゼンテーションに当たってのルール、例えば質疑応答は最後にまとめて行うのか、講義の区切りごとに行うのか、あるいは随時受け付けるのか、といった約束ごとや休憩の取り方などについて説明します。

②本論と結論

　本論と結論は、受講者満足と受講者目的の達成に直結する最も重要な部分です。オープニングも、クロージングもすべては、この部分を受講者に分かりやすく伝え、理解・納得してもらい最終的に受講者満足を得るための、いわば脇役です。本論

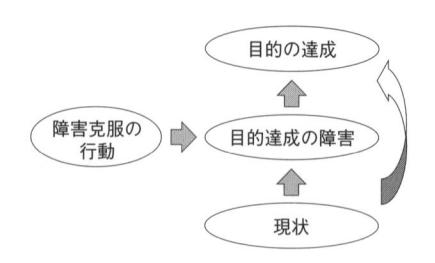

```
障害克服の     →    目的の達成
  行動              ↑
                目的達成の障害
                  ↑
                  現状
```

> 通常、目的達成の障害は複数存在するため、最終目的達成に必要な複数の中間目的と中間目的達成に必要な複数の障害克服行動の設定が必要になります

と結論は、論理を構造化してストーリー性を持って受講者に提示する必要があります。

本論と結論は、AIDMAモデルにおける「記憶・行動」の各段階を刺激することが目的です。すなわち本論と結論は、講師のプレゼンテーション力を駆使して受講者に理解してもらい、しっかりと記憶に留めてもらうとともに、受講者が満足し受講目的の達成のために行います。

通常、受講者が自らの目的を達成するには、現状と目的の間に存在する障害を克服しなければなりません。その障害を克服するには、何らかの行動を起こす必要があります（上図参照）。講師は、受講者が目的達成に必要な行動を喚起するセミナープログラムの組み立て（プログラム化）を行うことが必要です。本論と結論の構築方法については、第4章「セミナーを成功に導くコンテンツ構築技法」で詳説しますので、ここでは、本論の説明にあたって留意すべき事項を説明します。

i　集中度カーブに留意する

集中度カーブという言葉があります。これは、経験則としていわれていることですが、セミナー開始後約20分から30分で、受講者の集中度が急激に低下するというものです。ですから同一テーマでの講師の説明は、長くて30分が限度と考える

べきです。

　もし話が30分を超えるようであれば、そのなかに動きのある「ビデオ」や「事例」といった変化のあるシナリオをあらかじめ組み込んでおき、受講者の集中力を持続させる講演方法を考えておくことが必要です。

ii　講義のサイクルを回す

　私達は、聞いただけのセミナーよりも疑問点を質問して納得したときのほうが、さらに学んだ点を受講者同士で討議したときのほうが、より理解が深まることを経験的に知っています。講師は、こうした点を踏まえて講義のサイクルを回すことが必要です。講義のサイクルは、まず「講義」を行い、次に講義に対する「質疑応答」を行います。

　そして講義で得た知識を活用した「演習」に続いて、「グループ間の意見交換（討議）」を経て「受講者の振り返り」で完結します。講師は、テーマごとに、常にこのサイクルを回すことが必要です。このサイクルを回すことによって、受講者は、知識をより深く理解することができるとともに、技能の習得、さらにはグループ間の意見交換による気づきによって態度・行動の変化を起こすことが可能になります。

　ただし、通常の講演時のセミナーでは、時間的な制約もあり活用が難しいので、講義のサイクルは研修形式のセミナーで活用するのが一般的です。しかし、セミナー講師は講演時のセミナーにおいても、可能な限りこのサイクルを回す工夫を行い、セミナー効果を高めたいものです。

iii　説明はSDS法を活用する

　本論を説明するにあたり、テーマごとにSDS法を活用して

話を進めると分りやすい説明になります。

- S（Summary）は、概要のことで、これから何を話すのかその概要をまず説明する
- D（Detail）は、詳細説明のことで、本論部分の裏づけとなる理論や情報を提示しながら説明する
- S（Summary）は、要約のことで、本論の話をもう一度最後にまとめる

このSDS法を活用することによって、受講者はひとつのテーマから、別のテーマに切り替わったことが明確に分かるとともに、最初に概要が説明されるため、本論部分を受け入れる頭の準備が整うことでより理解しやすくなります。

③クロージング

クロージングは、プレゼンテーションの幕引きに当たる非常に重要なメニューです。クロージングの目的は、受講者が良い感情を抱き、かつ満足したと感じてもらうことです。クロージングのメニューは、以下の4つに分けられます。

ⅰ 質疑応答
ⅱ 振り返り
ⅲ メッセージ
ⅳ 挨拶

ⅰ 質疑応答

講師と受講者の間で活発な質疑応答が行われている光景は、セミナーの主催者や事務局に対して、セミナーの成功を印象づけるばかりでなく、実際に成功裡に終わった証拠でもあります。ですから講師はできるだけ多くの質問が受講者から出るような雰囲気作りが必要です。

例えば「何か質問はありますか」と切り出すよりも、「本日は、○や×について説明しましたが、これらに関して何か質問はございませんか」と切り出したり、「本日は○○の視点で説明しましたが、実は別の△△という視点もあります。こうした視点も踏まえて何か質問はございませんか」というように、受講者が質問しやすいように誘導する工夫が必要です。

　また他に大勢受講者がいる前で、講師に質問するのは気が引けるものです。この点に配慮して、著者は予め質問用紙を全員に配布しておき、質問事項を紙に書いてもらい、休憩時間や昼休みに個別に答えたり、また最後の質疑応答時に質問がでなかったときなどにその質問を紹介しつつ回答するという方法をとることもあります。

　以下に、質疑応答時に必要なスキルを説明します。

・**質問の再構成について**

　質問の再構成とは、否定的な質問が出た場合に、それを肯定形に再構成して答えるというやり方です。例えば「この制度は期間が短いので導入は無理だと思います」という質問が出た場合に、「ただ今、この制度をより短期間で導入するためにはどうすれば良いかというご質問をいただきましたが」というように、質問を肯定形に再構成します。否定的な意見を許すと、否定質問の連鎖が起こりやすいので、質問を再構成して肯定形に修正する訳です。

・**質問への対応について**

　質問が受講者から出た場合は、まず褒めることを心がけたいものです。例えば講師は質問者に対して、感謝の意を込めて「とても良いご質問ありがとうございます」「この質問をいただくことを心待ちにしておりました」といった賞賛を行いましょう。

そして質問のポイントを整理したうえで、質問者へ質問の趣旨の確認をまず行い、簡潔で的を得た回答を行い、これもまた回答内容で納得がいったかどうかを質問者に確認しましょう。なお回答する場合は、質問内容だけに意識を向けず、質問の真意や目的を考慮して回答することが重要です。

・コメント力について

コメント力を鍛えておくことは、質疑応答ではとても役立ちます。本書では紙面の関係上コメント力については触れませんが、コメントには一定の基本形があるので、その基本形を理解し適宜モディファィして使うことでコメント力が向上します。

セミナーにおける質疑応答の事例ではありませんが、蔵間という相撲力士がテレビ番組に招かれた時に、インタビュアーから「お相撲さんはなぜ髷（まげ）を結っているのか」という質問に対して、蔵間の答えは、「ただのデブと区別がつかないからではないですか」とコメントしたことで、「蔵間という力士はクレバーである」と報道された話は有名です。

・参加者全体に問いかける手法について

これはかなり高度なテクニックですが、受講者から質問が出たら、その質問を受講者全員に投げかけるという方法があります。例えば「今、○○さんから△△についてどう考えるかという質問をいただきましたが、どなたかこの件に関して知見のある方がいらっしゃればご意見をいただければありがたいのですが……」というように、質問を受講者に振ってみるのです。

そうすると、たまに「私はこう考える」という意見が出ることがあります。この手法は、講師に高いコーディネーション力が必要ですが、受講者全体を質疑応答に参画させる効果があり、活発な質疑を誘発する有効な手法のひとつです。

・投げかけ質問について

　これは受講者の質問にすぐには答えず逆に、質問内容を受講者に投げ返す方法です。例えば「○○は何故行うのですか」という質問が受講者から出た場合、これには答えず逆に、「××さんは、何故行うと思いますか」と質問を投げ返す方法です。この手法は、質問者に考えてもらい理解をより深める効果があります。

ⅱ　振り返り

　振り返りとは、セミナーの終了にあたって、「学んだこと、気づいたこと」を受講者に今一度、振り返ってもらうことをいいます。この振り返りは、下図のようなスライドを活用したり、ホワイトボードに板書したりして、今日のセミナーのキーワードをもとに5分程度の短い時間で再確認する方法で行います。

　なお、参加者が少数の場合は、受講者にセミナーを振り返ってもらいコメントを一人ひとりに述べてもらったり、振り返り表に記入してもらう方法もあります。

キーワードによる振り返りのスライド例

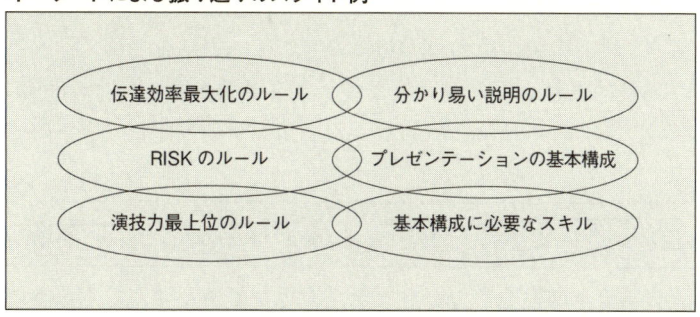

伝達効率最大化のルール	分かり易い説明のルール
RISKのルール	プレゼンテーションの基本構成
演技力最上位のルール	基本構成に必要なスキル

iii　メッセージ

　本章第1節の「RISK（リスク）のルール」のなかで、「意志」の重要性について述べました。講師は、セミナーの終了にあたって受講者に是非これを訴えたいというメッセージがあるはずです。講師は、そのメッセージを受講者に印象深く、好感を持ってかつ心に残る締めくくりを演出して伝えることが必要です。

　日本のビジネスパーソン、特に管理職や経営者は論語を始めとする古代中国の言行や名言を好む傾向があるので、著者は孔子や老子、あるいは劉向などの言行録の一説を引用して、最後のメッセージを締めくくることがあります。コラム（P113参照）に、「実践力を高めよう」というセミナーで使ったメッセージの事例を紹介したので参考にして下さい。

iv　挨拶

　終わり方は、聴講していただいたことへの感謝の言葉で締めくくりたいものです。最近のセミナーでは、パワーポイントを使ったセミナーが主流になっています。そのため、室内を暗くしたままでセミナーを終わる光景を良く見かけますが、必ず照明を付けて室内を明るくしてから終わることが必要です。

　なぜなら人間の脳は、始めと終わりが強く印象に残るようになっているので、終わりの挨拶の時には、電気をつけて、明るい印象で終わることが大切です。第3章第4節で、「印象的な終わり方」のスキルを説明していますので参考にして下さい。

受講者に理解されるためのアプローチ法を学ぶ

　セミナー内容をしっかりと伝え、そして良く覚えてもらうた

めには、脳の働きを踏まえた説明が欠かせません。

ここでは左脳と右脳の働きの違いを認識し、受講者に「良く伝わり覚えてもらう」ための考え方とアプローチ法について解説します。

①左脳と右脳の働きの違いを理解する

大脳は、脳の全重量の8割を占める最高中枢器官です。大脳は左脳と右脳の2つに分かれており、それぞれの働きに違いがあります。左脳は言語脳などといわれ、物事の論理を構築する論理思考力や読み、書きを司る言語能力などを担当します。また右脳は感覚脳などといわれ、情緒や感覚、イメージなどを担当します。

下図に示すとおり、左脳は「記憶容量が少ない」「情報の保持率が低い」などの特徴を有しており、右脳はその逆の特徴を持っています。講師の話す内容を良く理解し覚えてもらうには、左脳と右脳の違いを認識することが必要です。

i 左脳に対するアプローチ

左脳は、物事の論理思考力を担当すると書きました。また左脳は、文字情報や数字情報あるいは話し言葉を担当するので、これらの情報を伝える場合は、左脳が持つ特徴を踏まえたアプ

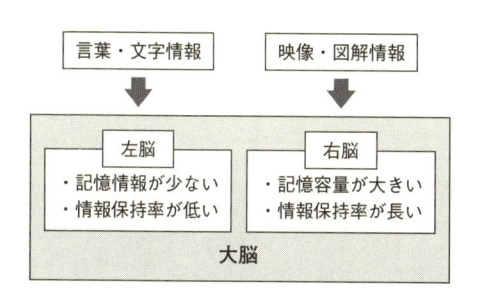

```
言葉・文字情報        映像・図解情報
     ↓                  ↓
┌─────────────────────────────────┐
│  ┌──────────┐    ┌──────────┐   │
│  │  左脳    │    │  右脳    │   │
│  ├──────────┤    ├──────────┤   │
│  │・記憶情報が少ない│・記憶容量が大きい│
│  │・情報保持率が低い│・情報保持率が長い│
│  └──────────┘    └──────────┘   │
│             大脳                │
└─────────────────────────────────┘
```

ローチが必要です。

・文字情報について

前述したとおり、左脳は記憶容量が少ないため、大量の文字がぎっしりと詰まったセミナー資料を提示すると、受講者はオーバーフローを起こし、提示された情報を理解することができません。

文字情報を提示する場合は「適切なキーワードに換置する」「短い箇条書きにする」「適切な比ゆ表現（例えば東京ドーム2個分の面積など）に換置して提示する」などの配慮が必要です。

・数字情報について

受講者は、細かい数字を提示すると提示された数字の分析作業に入るため、セミナー資料には根拠数字や詳細数字は載せない方が賢明であると述べました。

しかし数字には、納得性を高める効果もあるので、ポイントとなる説明には、きちんと数字を提示し説得力を高めることが必要です。その場合数字情報は、「グラフなどの図解情報と併用して分かりやすく提示する」「結論数字だけを提示する」「数字の表記体や色を変えて提示する」などの配慮が必要です。

・言葉情報について

脳には情報を適切に処理するためのルールがあります。そのルールのひとつに、脳はバランスが保たれていることを欲するという基本的な欲求があります。

言葉情報は、詳細説明と全体説明を適度にバランスさせて説明することが重要です。例えば詳細な説明に終始すると、細かい話は分かるが全体として何をいいたいのか分からないと非難され、逆に概要説明に終始し具体的な説明に欠けた場合は、概要説明だけで具体的な説明がなかったという非難を受けます。そのため詳細説明と全体説明のバランスが非常に大切です。

そして詳細な話を続けたら、「いろいろと詳細な説明をしましたが、要は、○○ということです」というような纏め言葉を挿入することが、受講者の理解促進に役立ちます。そのほか、分かりやすい説明には、事例の活用、例え話の活用、比ゆの活用などもありますが、詳しくは、第3章第3節で説明します。

ii 右脳に対するアプローチ

右脳は、ビジュアルな情報を扱います。アメリカのミネソタ大学の研究によると、右脳に訴えるビジュアルプレゼンテーションは、左脳に訴えるプレゼンテーションに比べて有効度が43％向上するという調査結果が出ています。表2-1は、情報の吸収割合に関するミネソタ大学の調査です。

すなわち目（視覚）から吸収した情報は72％吸収されるのに対して、耳（聴覚）から得た情報は13％しか吸収されないとする内容です。また表2-2は、米国空軍大学の調査結果ですが、耳だけから得た情報の保持率が、3時間後に70％、3日後に10％しか残らないのに対して、耳と目両方から得た情報は、3時間後に85％、3日後でも65％の情報保持率がある、すなわち忘れづらいという結果を示しています。

最近のセミナーでは、パワーポイントの活用が主流になっていますが、上記の調査結果を踏まえて、より積極的にビデオ映像などのビジュアル情報を活用したいものです。例えば「プレ

表2-1 情報の吸収割合

視覚情報	聴覚情報	その他
72%	13%	15%

表2-2 情報の保持率

	3時間後	3日後
耳だけ	70%	10%
目だけ	72%	20%
耳と目両方	85%	65%

ゼンテーション・セミナー」であれば、間の取り方や声の使い方などを説明した後に、漫談家のDVDを見せて漫談家の絶妙な間の取り方、声の大小、緩急の使い方などを実際に受講者に見せるといった使い方です。この場合注意すべき点として著作権に対する取り扱いがあります。すなわち営利を目的としないセミナーで、かつ受講料を徴収しない場合は、DVDの著作権者の了解は不要ですが、それ以外はDVDの利用について著作権者の了解が必要です。

3 受講者の視覚に訴える具体的なスキルをマスターする

講師の態度や表情、ジェスチャー、アイコンタクトといった視覚を通じて得られる印象は、受講者に対して圧倒的に強い影響力を与えます。

本節では、受講者に好印象を与える具体的なスキルとともに、視覚に訴えるプレゼンテーション(ビジュアルプレゼンテーション)時に活用する技法およびその留意点について解説します。

講師の印象をアップするスキルを理解する

ここでは講師の印象をアップする以下の4つのスキルについて説明します。
①好まれる態度や表情をとる
②安定した姿勢をとる
③ジェスチャーを入れる

④アイコンタクトをとる

①好まれる態度や表情をとる

　好感の持てる態度や表情とは、どのようなものか考えてみましょう。それは講師の放つ雰囲気に、意欲や情熱そして自信に溢れた豊かな表情が感じられることではないでしょうか。逆に好ましくない態度や表情とは、消極的あるいは挑戦的な態度や無表情などです。ときどきセミナー中に腕を組む講師がいますが、これは挑戦のポーズと見なされるため、好ましい態度とはいえません。では意欲や情熱そして自信を生み出すもとは、何でしょうか。

　そもそもプレゼンテーションは、プレゼンス、すなわち「存在感」のことを意味しますから、プレゼンテーションでは、存在感を示すことが必要です。この存在感は、基本的に講師の自信と信念から生じます。「これだけ練習を積んだのだからきっと上手くいくはずだ」という自信と、「私のプレゼンテーションは絶対受講者の役に立つはずだ」という信念を持つことが、好感の持てる態度を生み出す前提条件といえます。

　ところで、講師が真面目に一生懸命話をしたとしても、その表情が、笑顔のない硬い表情であれば、受講者は緊張してしまいます。受講者をリラックスさせ、好感の持てる講師を演出するには、印象の良い笑顔が不可欠です。以下に笑顔づくりの方法を説明します。

　人間の顔には約24の筋肉があります。顔の筋力が衰えると印象の良い笑顔が作れません。良い表情を作るには、表情筋という筋肉が関係します。表情筋は、前頭筋、眼輪筋、頬骨筋、口輪筋の4つの筋肉から構成されているので、これらの筋肉を「伸ばして縮める」という連続運動で鍛えることによって、印

前頭筋	眼輪筋
頬骨筋	口輪筋

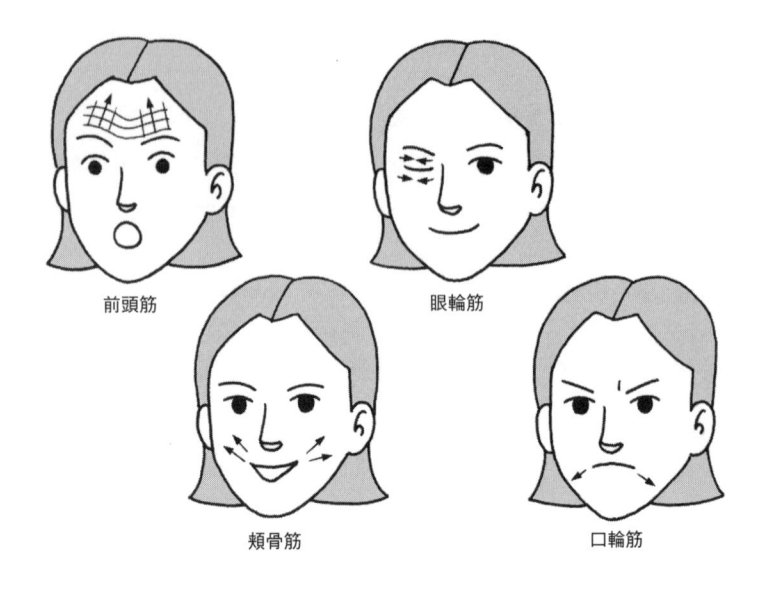

象の良い笑顔に必要な表情筋がつくれます。

著者が常々行う顔体操を紹介します。それは、「いぃー、うぅー、わっ体操」です。

・いぃー：口角を横に大きく開く
・うぅー：目を強くつぶって、口をつぼめて前に突き出す
・わっ：わっといいながら口を大きく縦に開ける

この「いぃー、うぅー、わっ体操」は、4つの筋肉をすべて使うため、表情筋の強化に効果的なので是非練習してみて下さい。

②安定した姿勢をとる

安定した姿勢をとるには、足を肩幅に開き、両足均等に体重をかけ、みぞおちを前に出すことが基本です。みぞおちを前に出すことによって必然的に背筋が伸び、胸が張り美しく凛とした安定した姿勢がつくれます。また安定した姿勢とは、左右対

称のいわゆる「シンメトリー姿勢」をとることでもあります。

シンメトリー姿勢は、受講者に対して心理的な安定感を、非対称姿勢は、逆に不快・不安な気持ちを抱かせます。そのため講師は安定したシンメトリー姿勢をとり、リラックスして話すことが必要です。

講師が緊張し不安定な姿勢をとると、講師の緊張は受講者に伝播し受講者も緊張してしまうものです。また講師の不安定姿勢は、受講者に不安感を与えます。その結果受講者の緊張と不安定が、受講者の脳の情報吸収力を低下させ、理解力の低下を招いてしまうのです。

ですから、例えばマイクを片手に持って話すときは、もう片方の手でジェスチャーを追加するなどシンメトリーを保つ工夫を行うとともに、講師は豊かな表情でリラックスして話すことが必要です。

③ジェスチャーを入れる

適度なジェスチャーには、プレゼンテーションを生き生きとそしてダイナミックに見せる効果があります。ジェスチャーは、大きく「ホームランゾーンのジェスチャー」と「ストライクゾーンのジェスチャー」に分かれます。

前者は、政治家が両手を大きく広げ「聴衆の皆さん」と呼びかけたり、野球の審判が拳を真上に突き上げ「ホームラン」と大きく手をまわすような大きなジェスチャーのことです。

後者は、主に懐の回りを中心にして行う比較的小さなジェスチャーをいいます。ジェスチャーは、強調したい時や視覚化を促進してより違いを明確にしたい時に活用します。以下にジェスチャーを活用する場合の注意点を挙げてみます。

・手先だけでなく腕全体を大きく使い身体から離して行う

　腕全体を大きく使うことでジェスチャーをダイナミックに見せることができるとともに、広い会場の後方の受講者にも十分ジェスチャー内容を伝えることができます。またジェスチャーを身体から離して行うことで、ポケットマイクとスーツの裾が擦れあって生じるマイクのザーザー音を防止することができます。

・陰の手と陽の手を使い分ける

　陰の手とは、手のひらを下に向けて行う手のジェスチャー（ビジュアルハンド）で、陽の手は手のひらを上に向けて行うビジュアルハンドです。陰は静寂、低下などを表すときの手の動きであり、また陽は元気、拡大などを表すときに使います。

　例えば喧嘩を止めるときに、「まあ、落ち着いて」といいながら陽の手、すなわち手のひらを上に向けて行うと「もっとやれ!」と、喧嘩を煽る動きになってしまうので、ジェスチャーで表現したい内容にあった手を使うことが必要です。

・マイナスのジェスチャーに注意する

　マイナスのジェスチャーとは、例えば「ポインターをむやみに振り回す」「ワンパターンのジェスチャーを何度も繰り返す」「ジェスチャーを過度に使い過ぎる」「感情を込めずに漫然とジェスチャーを行う」といった受講者にマイナスの効果を与える行為のことです。こうしたマイナスのジェスチャーは、受講者がその行為に気をとられ、講師の話に集中できなくなったり、ジェスチャーが効果を生むどころか逆にマイナスに作用するので注意が必要です。

④アイコンタクトをとる

　アイコンタクトとは、文字どおり「目によって互いに触れ合

図2-4 ジグザグ法

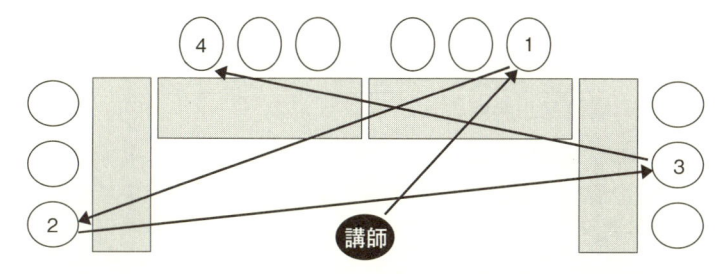

う」こと、つまり目を見ることで意思を通じ合わせる行為のことです。受講者一人ひとりの目を見て話をすることによって、聴衆全体ではなく、受講者一人ひとりに話をしていますというサインを送ることができます。アイコンタクトは、「講師の熱意を受講者に伝える」「受講者に刺激を与える」「受講者との間にタスキを掛ける」「受講者の反応をキャッチできる」などの効果があります。

アイコンタクトは、図2-4にあるように「ジグザグ法」によって、会場の隅々まで広角度にアイコンタクトを行うよう心掛けることが大切です。

さらに受講者が非常に大勢いる広い会場の場合は、会場をいくつかのブロックに分け、ブロック単位にアイコンタクトを移動させる方法が便利です。また、よく左右に首だけを振る「首振りアイコンタクト」を行う講師がいますが、首だけを受講者に向けるのではなく、講師の身体の中心を受講者に向けてアイコンタクトをとることが大切です。

アイコンタクトを行う場合に、知っていると大変便利な「聴衆の心理を大掴みに把握」するための「Attitude Map(態度の地図)」という考え方を紹介します。この考え方の特徴を示すと、以下のとおりです。

- 講師から見て左側に座る人は、講師に対して好意的、支持的な態度の人が多い
- 講師から見て右側に座る人は、講師に対して支持的ではなく、非同意な態度の人が多い
- 会場の中央に座る人は、論理的な態度をとる人が多い
- 反対派の中心人物は、講師から見て右側の真ん中に座る傾向が強い
- 講師から見て右側の会場後方に座る人は、オブザーバー的な態度をとる人が多く、彼らを無視すると後で反対派に回ることが多い

この考え方を応用すれば、例えば講師が受講者に同意を求めたいときは、左側に座る「うなずき君」にアイコンタクトを送り、「○○さん、そう、思いませんか?」と個別質問をすれば、もともと支持的な人ですから、「うんうん」とうなずいて同意してくれる確率が高くなります。また「ここぞ」という大切な理論的な説明を行うときは、会場中央に座る受講者により多くのアイコンタクトを送りましょう。さらに、演習を始めるに際して資料を配る時は、できるだけ右側後方に座る人から配り、オブザーバー的な態度をとる彼らを味方につけましょう。

ビジュアルプレゼンテーションの活用技法を理解する

最近のセミナーでは、パワーポイントの活用が主流になっています。ここではパワーポイントで行うセミナーで活用する最も基本的な技法とパワーポイント使用時の留意点を説明します。

① Show-See-Speak の技法

この技法は、図2-5に示すとおり、「見せて」「見て」「話す」

図2-5 Show-See-Speakの技法

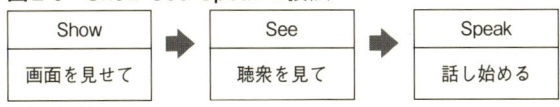

Show	→	See	→	Speak
画面を見せて		聴衆を見て		話し始める

の流れで行う方法です。

・Show

スクリーン画面をポインタなどで指して、受講者の能動的な喚起を促します。これは、例えばどんなに熱中していても、突然人の悲鳴が聞こえると、悲鳴の聞こえた方向に注意が向くのと同じで、「ここを見て下さい」と受講者の注意を喚起して必要な画面を見てもらうために行います。

・See

次は受講者を見て、アイコンタクトをとります。これは、スライドに映し出されている内容をこれから説明しますから聞いて下さいというサインを受講者に送るために行います。

・Speak

実際に話すときは、前節「講師の印象をアップするスキルを理解する」で説明した、ジェスチャーなどのノンバーバル・コミュニケーションを活用して行います。

②パワーポイントで行うセミナー実施の留意点

ビジュアルプレゼンテーション時における立ち位置は、右利きの講師の場合は、会場に向かってスクリーンの左側が原則です。

なぜなら投影されるコンテンツは、左から右に説明内容が記載されているため、スクリーンの左側に立つことによって、講師は受講者と体面しつつ受講者の視線の動きと指示棒の動きを一体化して説明することができるからです。この場合の注意点

としては、下記の事項があります。

・立ち位置を決めておく

指示棒を使わずに説明する場合は、講師が説明箇所を手で指し示す必要から、スライドの周りを結果的にあちら、こちらと移動することになり、結果受講者は講師の話に集中できなくなります。

このような場合は立ち位置に一度必ず戻る習慣を付けておくことが大切です。

・スクリーンの前面に立たない

プロジェクターを使った説明で注意すべき点は、スクリーンに自身の影が投影されないように、スクリーンの前に立たないことやスクリーンを横切らないといった点が挙げられます。講師は説明に熱心なあまり、プロジェクターとスクリーンの位置関係をつい忘れがちになるので注意が必要です

・指示棒を使うときの注意点

著者は、スクリーンを指すときはできるだけレーザーポインタを使用せず、指示棒を使うか、それともパワーポイントの「ペン機能」を活用してパソコン画面に直接書き込む方法を活用しています。なぜならレーザーポインタを使用すると、どうしてもスクリーンの位置を正確に指し示すことに注意が行き、受講者との対面が疎かになるからです。

ところで最近は、パソコンのUSBポートに受信器を差し込む「USBレーザーポインタ」が普及しています。このレーザーポインタはいちいちパソコンに戻って「Enter」を押し、次の画面に進める必要がない便利な機能があるので、著者はパソコンから離れている場合は、「Enter」を押す代わりにレーザーポインタを活用し、画面を指すときには指示棒を使用しています。

4 講師に必要なインストラクション力をマスターする

　本章冒頭で説明したように、インストラクションとは、体系的カリキュラムに基づき受講者の行動変容や能力向上など研修を行う企業などの組織目標を達成するための教える技術をいいます。本節では、研修を実施するうえで知っておきたい基本的な考え方や主な技法について解説します。

効果の高い研修を行うための考え方

　効果の高い研修とは、概ね次の3点を満たす研修であると考えます。1点目は知識の理解に止まることなく実際の仕事で活用できること、2点目は受講者満足度が高い研修であること、そして3点目は受講者の学習意欲を高める研修であることです。

①実際の仕事で活用できる研修とは

　ジョイスとシャワーは、研修内容を、理解、技能習得、仕事への応用面で考えた場合、下表に示すような相違があるといっています。これは、従来の理論中心の研修（事例紹介を含む）では、知識レベルの理解にとどまり、技能習得や仕事への応用

研修の要素	理解	技能習得	応用力
理論	85%	15%	5〜10%
理論＋事例紹介	85%	18%	5〜10%
理論＋事例紹介＋ワーク	85%	80%	10〜15%
理論＋事例紹介＋ワーク＋サポート	90%	90%	80〜90%

には効果が低いことを示しています。次にワーク、すなわち演習を取り入れることで技能習得には効果がみられるものの、仕事への応用にはやはり効果が低いことを示しています。

しかしこれにサポートを加えることで、受講者の仕事への応用力が格段に向上します。ここでいうサポートとは、研修後に上司や先輩が行う受講者に対するOJTを含む各種支援活動をいいます。実際の仕事で活用できる研修とするためには、受講者をサポートする上司や職場関係者の役割が極めて重要なので、講師は研修の方法論に止まらず、研修企画担当者や受講者の上司とともに、計画づくり（コンサルティング）から研修後のフォローアップまで一貫して参画することが必要です。

②受講者満足度が高い研修とは

我々が研修に参加した後で、「今日の研修は良い研修であった」と感じるためには、どのような要素が必要かを考えてみましょう。

人によって感じ方に相違はあると思いますが、良い研修には下記のような要素が含まれていると著者は考えます。

・笑いがあるなど楽しい雰囲気の研修

「講師の話にユーモアがあった」「講師の雰囲気が気取らず打ち解けた感じであった」「受講者同士の話し合いが頻繁に設定されており話し合いの場が楽しいものであった」などの研修を行うことです。

講師には、研修の進行に当たって「楽しい雰囲気」を演出するスキルが必要です。

・講義だけではなく参加型の研修

「講義のなかで質問技法を積極的に活用する」「ケーススタディ、ロールプレイング、研修ゲーム」といった参加型の演習技

法を活用するなど、受講者が参加や体験ができる研修を行うことです。

講師には、質問技法を含むさまざまな参加型の研修技法を使いこなす技術が必要です。

・新しい発見や問題点の解決につながった研修

「受講によって新しい気づきや発見があった」「できなかったことができるようになった」「仕事の問題解決につながった」など受講者にとって収穫の多い研修を行うことです。講師は研修ニーズを踏まえ、研修目的の達成に適した研修技法を活用することが必要です。

・リラックスでき安心して参加できる研修

「緊張せずいいたいことが発言できた」「研修の進行方法が権威的でなく開放的であった」「答えに窮するような個別質問がなく安心して受講できた」など、受講者がリラックスして受講できる研修を行うことです。

講師には、受講者を緊張させない場づくりや雰囲気づくりに関するスキルが必要です。

・他の参加者と知り合いになれる研修

受講者名簿を基に異業種や異部門の参加者が同じグループになるように配慮するとともに、研修オープニング時のアイスブレイキング手法として受講者同士の自己（他己）紹介を取り入れたり、グループ間の話し合いを可能な限り多く設定するなどの研修を行うことです。

・講師の配慮が感じられる研修

「今の説明で理解していただけましたでしょうか」「ここは重要なポイントなので、今ここで質問があればお受けします」「寒くないですか」「熱くないですか」など、受講者の理解度や状態を確認しながら研修を行うことです。講師には、受講者満

・研修会場の雰囲気が良かった

これは、研修会場のハード面の環境の良し悪しに左右されますが、講師の工夫によってある程度カバーすることが可能です。例えば「オープニング時にこれまでの研修とは違うというインパクトのある映像を活用する」「休憩時間に受講者がリラックスできる音楽や映像を流す」「研修内容と関連する書籍や資料を空いている机に並べておく」など、研修会場全体でトータルに良い雰囲気を持ってもらうような配慮を行うことです。なお、自分達でセミナーを主催する場合は、休憩時にコーヒーを提供すると受講者がリラックスし、お得感を感じるためか受講者アンケートの評価が高くなるようです。

③受講者の学習意欲を高める研修とは

どんなに講師のインストラクション・スキルが優れていても、受講者の研修参加意欲が低ければ、高い研修効果をあげることはできません。アメリカの教育学者ジョン・ケラーは、受講者の学習意欲の向上を、以下の4つの側面から考えた「ARCS（アークス）モデル」を提唱しています。

講師は、自らが立てる研修プランに以下の4つの要素を上手く組み入れた研修を行うことで、受講者の学習意欲を高めることが必要です。

・**Attention**（注意）：「面白そうだな」という期待感を持たせるような映像を使ったコンテンツや受講者を引き付けるようなオープニングでの工夫は、受講者の「注意」の側面を刺激し学習意欲が高まります。この「注意」の側面の喚起に成功すると、受講者は研修にスムーズに入って行くことできます。

- Relevance（関連性）:「受講内容が職場で活用できそうだ」と研修に意義を見出し、自分との関連性が認識できれば受講者の学習意欲は高まります。そうした意味において、研修の必要性や重要性さらには受講のメリットなどについて、オープニング時に分かりやすく提示することが必要です。
- Confidence（自信）:最初から大きな到達目標を提示するのではなく、研修テーマの一つひとつにゴールを示して、受講者にやればできそうという自信と成功体験を持ってもらうようなプログラム作りが必要です。段階的に理解を深め、確実に成果をアウトプットできる研修プログラムは、受講者に「自信」を与え受講者の学習意欲を高めます。そうした意味において、研修プログラムの組み立て方や活用する技法は非常に重要です。
- Satisfaction（満足）:研修を振り返り、納得がいった、良く分かった、参加して良かったと思えば、受講者の「満足感」が高まり、その満足感が次の学習意欲に繋がります。そうした意味において、クロージングにおける質疑応答や振り返りの方法は非常に重要です。

なお、グループ演習やグループ討議といった参加型の研修技法の活用は、受講者の満足感を高めるために効果が高いことが分かっています。

レッスンプランを作成する

レッスンプランとは、講師が自分の講義の進め方をあらかじめまとめた計画書をいいます。その際、次の3つの質問（教育工学研究者:ロバート・メーガー）を踏まえて作成すると効果的です。

- 第1の質問：どこへ行くのか？
- 第2の質問：どうやってそこへ行くのか？
- 第3の質問：たどり着いたことをどうやって知るのか？

第1の質問は、研修の目的、目標は何であるか？

第2の質問は、研修のゴールにたどり着かせるにはどのような進め方が良いか？

第3の質問は、目標を達成したことを知る方法、すなわち研修の効果測定をどのように行うのか？

レッスンプランを作成する場合は、その内容が、上記3つの質問の適切な回答になっていることが重要です。以下にレッスンプランの作成手順について説明します。

ニーズの把握 ➡ 目的の把握 ➡ 目標の決定 ➡ 内容の決定

①ニーズの把握

通常は、企業の研修担当者から、研修テーマが提示されます。講師は、研修担当者とのヒアリングを通じて、研修テーマの提示の背景にある、研修ニーズを徹底して把握することが重要です。研修ニーズは、顕在的ニーズとして既に表出している場合もありますが、問題があるにもかかわらず自覚できていない場合や何らかの理由により表面化していない潜在的ニーズ、さらには将来発生するかもしれない課題に対応するための将来的ニーズもありますので、そうしたニーズを把握することが重要です。

②目的の把握

研修のニーズを把握したら、次は研修目的の確認を行いま

す。例えば企業の研修担当者から、営業担当者の能力向上を図りたいという目的が提示されたとします。その目的を達成するために知識、技能、意識、態度・行動のうち何を習得させるのかを明確にするとともに、受講対象者のキャリア（新人、若手、中堅、リーダー、管理職など）も合わせて確認します。

③目標の決定

目標とは、研修によって何がどのレベルまでできるようになることが期待されているかを定量的に評価できる「モノサシ」のことです。すなわち目標の決定とは、研修によって以下のような変化をどの程度期待しているかを明確にすることです。そしてこの「モノサシ」は研修の効果測定にも活用されます。

・受講者の知識がどの程度変化したか
・受講者の技能（スキル）がどの程度変化したか
・受講者の意識や考え方がどの程度変化したか
・受講者の態度や行動がどの程度変化したか
・受講者の業績がどの程度変化したか

④内容の決定

内容の決定とは、講義内容そのものを決定し、研修のゴールにたどり着かせる方法論を具体的に決めることをいいます。具体的には、講義の目的や目標に基づき、講義の手順や展開方法、さらには時間配分、活用する技法、配布する資料など講義の進め方を決定し、「レッスンプラン」としてまとめることになります。下記にレッスンプランの様式例を記載したので参考にして下さい。ただし、レッスンプランの様式はこれといった決まった様式がある訳ではありません。

レッスンプランの様式例

オープニング	時間配分	・目的と目標 ・挨拶と自己紹介 ・アイスブレイキングやタスキ掛け ・研修の進め方、留意事項など	
本論と結論	時間配分 (テーマごとに時間配分を決める)	テーマ	進め方と活用技法
		1. テーマ1 2. テーマ2 3. テーマ3 4. テーマ4	テーマごとに以下の「進め方と活用技法」を決定する ・講義 ・質疑応答 ・演習 ・討議/発表 ・振り返り ・講師からの質問 ・配布資料 ・休憩時間 ・テーマごとに使用する技法など
クロージング	時間配分	・研修全体を通した質疑応答 ・研修全体を通した振り返り ・講師からの最終メッセージ ・挨拶	

研修で活用する技法

研修で活用する技法には、非常に多くの種類があります。講師は、それぞれの研修技法が持つメリットや制約を踏まえて、適切な研修技法を組み合わせて研修プログラムを組み立てることが必要です。以下に主な研修技法について簡単に説明します。

①講義法

講師の持つ高い専門性をもとに、講師の知識などをテキストやスライドを活用して受講者に説明する方法です。この技法は同時に多くの受講者に講師の考え方などを説明できる、短時間

で行えるなどのメリットがある反面、受講者が受動的になりやすい、行動につながりづらいなどのデメリットがあります。講義法では、一方的な講義にならないように、講師は受講者に対して「良い質問」を行って受講者を刺激することが必要です。以下に良い質問の要素を挙げてみます。

・核心や本質をつく質問
・より深く考えさせる質問
・考えを明確にさせる質問
・理由や考え方を尋ねる質問
・判断を促す質問
・焦点を絞り込む質問
・振り返りを促す質問
・理解の程度を確認する質問など

②討議法

受講者が複数のグループに分かれてグループ討議を行い、討議結果を発表しあう方法です。この技法は受講者の参加意識が高まる、討議結果を受け入れやすいなどのメリットがある反面、体系的に学びづらい、発言が一部の人だけに片寄りやすいなどのデメリットがあります。

討議法は、一般的にグループ単位での討議、グループ討議の結果発表、全体討議、振り返りというステップで進めていきます。1グループの人数は、あまり多すぎても議論に参加しない受講者が出てくるため5〜6人で1グループを編成するのが適切です。また討議の時間管理を行うタイムキーパーを決めておくことは、討議の進行を適切に行ううえで効果があります。講師は、グループ討議中は各グループを積極的に回り、討議内容の確認や議論を活性化させるための良いヒントを提供するとい

った配慮が必要です。なお、振り返りは、グループ討議などを通じて、受講者にどのような気づきがあったかを、例えば「振り返りシート」に記入してもらう方法によって行います。

③事例研究法

実際に職場などで起こりやすい問題を事例として提示し、グループ討議などを通じて問題の解決策を策定する方法です。こ

セミナー講師初デビューの思い出

著者が初めてセミナー講師として登壇したのは、今から十数年前のことです。その当時は、まだ企業に勤めるビジネスパーソンでしたから、今流の言葉でいうと、週末起業のような感じでしょうか。著者がセミナー講師を志した理由は、二つありました。

第一の理由は資格取得によって増えた勉強代の捻出です。セミナー講師として登壇する前年に中小企業診断士資格を取得した著者は、資格取得によって可処分所得が著しく減少し、まさに金欠状態でした。それというのも社団法人中小企業診断協会の会費、診断士の同好の仲間らと活動する複数の研究会費、関連学会費など資格の維持費が急激に増加したにもかかわらず給料が増えた訳ではなく、少しでも自身の研究活動費を増やしたいという切迫した理由があったからです。

第二の理由はこれまでの資格取得によってインプットした知識を何らかの形で活用する方策を考えていました。「インプット学習」から「アウトプット学習」に切り替える手段としてセミナー講師に照準を定めたのです。

このような理由から、それまで全く訪ねたことのない地元商工会議所の中小企業相談所長を訪ね、地元に住む中小企業診断士と

の技法は実務に役立つ判断力や問題解決能力を習得しやすい、主体的に学びやすいといったメリットがある反面、成果が事例の質に影響されやすい、受講者や講師のレベルに影響されやすいなどのデメリットがあります。

事例研究法は、職場で実際に起こりやすい事例を提示して、例えば「あなたが部長であれば、事例のケースに対してどのような対策をとるべきかを考えて下さい（あるいはグループ間で

して「地域経済活性化のために中小企業経営者を是非支援したい」との主旨を熱く伝えました。もちろん、手ぶらではなく、セミナー企画書を持ってセミナー講師の機会をいただくための営業活動でした。その結果今考えるとあっさりとセミナー講師としてのデビューの機会を頂戴することができました。

初めてセミナー講師としてデビューした場所は、地元商工会議所の小規模セミナールームでした。受講料無料の90分セミナーで、受講者は地元の中小企業経営者23名、セミナータイトルは、「新たな発展のために第二創業を目指そう」。著者はこの90分セミナーのために必要な情報収集活動を約1カ月間、受講者に配布するセミナー資料の作成に3週間、講演の練習を10回、計80時間を費やしました。そして決して満足とはいえない出来栄えの初講演を終え何がしかの講演謝金を頂戴しました。

ちなみに、講演謝金をセミナーの準備に費やした時間で割ってみたところ、時間単価が約160円という高校生のアルバイト時給にも遠く及ばないものでした。しかし、決して満足とはいえない出来栄えの初講演ではあったものの、やりきったという充実感は著者にとっていつまでも忘れることができない少しほろ苦い、今でも最も大切な思い出のひとつです。

話しあって下さい)」といった方法で行います。代表的な事例研究法には、以下の技法がありますが、個々の説明は割愛します。

- ケーススタディ法
- インシデントプロセス法
- インバスケット法
- プロジェクト法

④その他の技法

その他の技法には、創造性開発に適した技法として「ブレー

言葉を使ったタスキ掛けの事例

この事例は、プレゼンテーション・セミナーで使用した「タスキ掛け」の事例です。

今日のタイトルは、「できるビジネスパーソンは、プレゼン力が高い」という演題ですが、プレゼンテーションは、コミュニケーションの一部であることはご案内のことだと思います。そこでひとつ皆さんに質問です。良いコミュニケーションのための4つのポイントをご存知でしょうか。こういう質問をしても、お答えいただけないのが常ですので、私から答えさせていただきますと、コミュニケーションを行うときには、「相手の目を見てコミュニケーションする」「笑顔を持ってコミュニケーションする」「うなずきながら相手の話を聞く」、そして「なーるほどね!」と適度に相槌を打つ、の4つです。

ンストーミング法」「KJ法」などがあり、態度変容に適した技法として「ロールプレイング（役割演技）法」「研修ゲーム法」などがあります。なお講義法は知識伝達に、討議法は意識変革に、事例研究法は問題解決にそれぞれ適した技法といわれています。

⑤ EODiCA（エオディカ）技法

上記で紹介したいくつかの研修技法を組み合わせて活用する技法に「EODiCA技法」があります。著者は、研修のなかのあるテーマを学んでもらうときに、よくこの手法を活用しま

　この4つを意識すると、コミュニケーションの質が格段に向上するといわれています。本日のセミナーも、いうなれば皆さんと私との双方向のコミュニケーションですから、是非、今日はこの4つを意識してみて下さい。
　具体的には、私は皆さんにアイコンタクトを送りますので、皆さんも私にアイコンタクトを送り返して下さい。アイコンタクトを送り返すときは、是非笑顔でお願いします。それから、ここからが重要なポイント！なのですが、今日の私の話が分かっても、分からなくとも、また、納得がいっても、納得がいかなくとも、「うん、うん」とうなずきながら聞いていただいて、適度に「なーるほど、なーるほど」と相槌を打って聞いて下さい。そうすると、文字通り「打てば響くような反応の良いセミナー」になること請け合いですので、ここはご協力のほど是非是非お願い申し上げます。

す。以下に「EODiCA技法」について簡単に説明します。なおこの技法は、グループ単位での研修時に活用する技法です。

i　E (Explain)：説明

受講者に考えてもらいたいテーマについて説明を行います。例えば「テーマがコミュニケーションを高める」であれば、講師は、講義法によってコミュニケーションについてひととおり受講者に講義を行った後で、次のような質問を受講者に投げかけます。「皆さん、コミュニケーション上手な人が持つ共通要件には、どのようなものがあるか考えてみて下さい」といって、受講者に気付いてほしい事柄について考えてもらいます。

ii　O (Operation)：作業

このステップは、次の討議につなげるために受講者に作業を行ってもらいます。例えば「それでは皆さんが思い浮かべた人が、なぜコミュニケーション上手な人だと思ったのか、その理由をそれぞれ書き出してみて下さい」といって、ポストイット用紙（付せん）などに書き出す作業を行ってもらいます。

iii　D (Discussion)：討議

グループによる意見交換と討議を行うステップです。例えば「コミュニケーション上手と思った理由を、グループ間で意見交換して下さい」といって、各人の考え方をグループ間で議論してもらいます。

iv　C (Common)：共有と発表

討議の内容をグループメンバーで共有し、発表するステップです。例えば「メンバーがポストイット用紙に書き出したさま

図形を使ったタスキ掛けの事例

この事例は、創業セミナーで使用した「タスキ掛け」の事例です。以下は、自己紹介の後のくだりです。

ところで、この絵は、みなさんもどこかでご覧になったことがあると思います。心理学者のボーリングという人が作った騙し絵、あるいは多義図形というものですが、念のためにどなたかに聞いてみたいと思います（何に見えますかと聞く：受講者に個別質問する）。

そうです。見方によっては、顔を横に向けた貴婦人にも見えますが、鷲鼻（わしばな）の老婆にも見えます。要は、同じ絵でも見方によって、全く違ったものに見えるという訳です。

しかし、創業に必要な事業計画書は、見方や読み方によって、こうも理解できるし、あーも理解できるというものでは困ります。だれが読んでも、創業者の創業への想いや動機や目的を基に、どのような事業をどのようなやり方で行うのかが、明確に分かる事業計画書であることが必要です。

今回はみなさんと一緒にその事業計画書の作成方法について、学んでいきたいと思います。

ざまな意見について、意味が近いと思われる意見同士を集めてキーワードとしてまとめてみましょう」といって、KJ法を使いグループの意見をメンバー間で共有します。そしてグループの結論をグループごとに発表してもらいます。

v A（Adjustment）：整理と解説

講師がグループの発表内容を整理要約し、それを解説するステップです。例えば「グループごとにいろいろな意見が出ましたね。皆さんの意見を要約すると、コミュニケーション上手な人の共通要件は、○○であるということになりますね」といって、「コミュニケーション上手な人が持つ共通要件」について、講師が解説を行います。当然、受講者から出された意見に不足

避けたいタイトルの設定例

読者の皆さんは、これまで多くのセミナーを受講した経験があると思います。皆さんが自費でセミナーを受講する場合、何を基準に参加を決めるでしょうか。セミナー受講を決める要素のひとつに、セミナータイトルを見て参加を決める読者も多いのではないでしょうか。

著者は、自身が参加するNPO法人が主催するセミナー企画を、これまで数多く手がけてきました。その経験から、定員割れを起こすセミナーは、ほとんどの場合、セミナータイトルに問題があることに気付きました。駄目なタイトルの典型例を下記に記してみたいと思います。

・目的を全面に出しすぎたタイトル

例えば「地域活性化セミナー」。このタイトルを付けたときの参加者は、定員30名のところ参加者8名でした。地域の活性化

や間違いがあれば、このステップで追加説明や訂正を行います。

研修の効果測定の考え方

　研修の効果測定は、どのように考えるべきでしょうか。米国ウィスコンシン州立大学のドナルド・カークパトリック教授は、研修内容の4段階評価モデルを提唱しています。
　4段階評価モデルとは、
　・レベル1：反応レベル
　　これは、受講者が研修内容についてどのように感じ、そして役に立ったかを評価する

が大切なことは、万人の考えるところですが、このように目的を全面に出しすぎると、かえって受講者に受講のメリットが伝わらず、受講者自身がセミナーとの関係を理解できないため、結果として定員割れを起こしてしまいます。
・**疑問形のタイトル**
　例えば「団塊世代第二の人生とは？」。疑問形のタイトルは、ファジーで、主張のないセミナーという印象を与えます。受講者はこのようなタイトルを見て、「定年後の生き方を知りたいからセミナーに参加するのに、それを受講者に聞くセミナーに誰が参加するか！」と憤慨するに違いありません。
・**専門用語を付けたタイトル**
　例えば「ロングテール戦略」。設定するターゲットにもよりますが、あまり一般的ではない専門用語をタイトルにつけると、一般の人には意味が伝わらず参加者が集まりづらくなります。

- レベル2：学習レベル
  これは、受講者が研修内容についてどの程度知識を習得したかを評価する
- レベル3：行動レベル
  これは、受講者の行動や態度の変化を見るもので、研修内容を実際に職場で使っているかを評価する
- レベル4：結果レベル
  これは、受講者のパフォーマンスがどのように変化したか、その成果を評価する

の4つに分けて、評価するものです。

それでは、研修の効果を測定する方法には、どのような方法があるのでしょうか。以下に主な研修の効果測定方法を列挙してみます。

- 受講者アンケート法
  この方法は、既に本章第1節「プレゼンテーションの枠組み」のところで説明したので割愛します。
- 事前事後テスト法
  この方法は、受講者の知識や技術レベルを研修前にテストしておき、研修後に再度テストを行い、どの程度知識や技術レベルが向上したかを確認する方法です。
- ヒアリング法
  この方法は、受講者に対して研修を受けてどのような気づきや態度の変容があったかを、直接上司などがヒアリングして確認する方法です。
- コントロールグループとの比較法
  この方法は、研修終了後に受講者群と非受講者群との差異を測定し、比較する方法です。
- 360度比較法

この方法は、事前に受講者の上司や部下・同僚などから受講者の行動や知識、技能、態度などについてヒアリングしておき、研修終了後に、再度受講者の変化を測定する方法です。

メッセージの事例

之を知ることの難たきに非ず、之を行うこと惟れ難し

メッセージの解説

　この一文は、中国最古の歴史書である五経のひとつ、書経に記載されている言葉です。書経とは、帝王の言行録を整理した演説集のことです。意味は、「知ることが難しいのではなく、学んだことを実行することのほうがよほど難しい」という意味で、殷の国王にその忠臣傳説が諭したという有名な言葉です。

　今日のセミナーでは、実践力を高めるために必要なさまざまな手法を学び、演習も行いました。しかし、皆さんが、今日のセミナーで学んだことを早速明日からそれぞれの職場で実践してこそ、本当の実践力が身に付くのです。この言葉を皆さんへの最後のメッセージとしてお送りして、本日のセミナーを終わります。積極的なご参加、本当にありがとうございました。

プレゼン力が身に付く「オン・ビデオ」手法

　この「オン・ビデオ」という手法は、例えば生命保険のセールスレディーが、営業研修として行うロールプレイング（役割演技）内容をビデオに撮り、自分の接客スキルを改善するなど多くの営業現場で活用されている手法を自らのプレゼン力の上達に活用する方法です。自分の練習風景をビデオに撮り、ビデオを見ながら、下記に示したチェックリストで自分のプレゼンテーションの「良い点」と「改善点」をチェックしてみるというものです。

　この時、非常に重要なことは、恥ずかしがらずにあくまでも「受講者視点」でビデオ内容をチェックすることです。そして自分なりに改善点が確認できたら、その項目を重点的に練習します。これを行うだけで、短期間に確実にプレゼンテーション力がアップします。

　さらに重要なことは、改善点が練習で上手くできるようになったら、その改善テーマを本番でも上手くできるように、次回のプレゼンテーション時に、その改善テーマを持って本番に臨むことです。例えば改善点が、「話の間がとれない」ことだとすれば、次回のプレゼンテーションでは、「話の間をとる」ことを改善テーマとして臨むようにするのです。

プレゼンテーション・チェックシート

チェック項目	説明	改善点
話のストーリー	ストーリーは論理的であったか	
話の内容	コンテンツに流れるような一貫性があったか	

話し方	適切な比ゆ、例え話、まとめ言葉などを使って分かりやすく説明したか	
双方向のやり取り	投げかけ質問や良い質問を活用して受講者と双方向のやり取りがあったか	
メッセージ性	主張が明確であったか	
身だしなみ	講師向きの服装であったか	
声の聞き取り易さ	ハッキリと聞き取れる声で話していたか	
声の大きさ	最後列の受講者にも聞き取れる大きさであったか	
声のメリハリ	一本調子ではなく声の大小を使い分けていたか	
話すスピード・間・リズム	早口でまくし立てず適度な間とリズムがあったか	
話の緩急	話にテンポ（単調でなく）があり緩急もあったか	
顔の表情	笑顔があり表情は豊かであったか	
アイコンタクト	多くの受講者とアイコンタクトをとっており首だけを向けていなかったか	
ジェスチャー	ワンパターンではなく両手、全身を使っていたか	
姿勢と安定感	凛とした安定感のあるシンメトリー姿勢であったか	
積極性とシャープ感	意欲が感じられ、切れのあるプレゼンテーションになっていたか	
挨拶と自己紹介	挨拶と自己紹介は嫌味なく好感が持てたか	
タスキ掛け	セミナー内容に合致する適切なアイスブレイキング内容であったか	
振り返り	キーワードが心に残ったか	
クロージング	最後の締めくくりが印象深く、かつメッセージが心に響いたか	
持ち時間	持ち時間内に終われたか	

アンケートの様式例

本日はご多忙中にも関わらず、ご参加いただきありがとうございました。
今後のセミナー開催の参考にさせていただきます。下記ご記入の上、ご提出願います。

・貴社名（ご記入ください）

貴社名	
ご記入者名	ご担当者部署名
電話＆FAX	メールアドレス

・内容について

ご質問＼セミナーテーマ	テーマ1「○○○○制度について」	テーマ2「○○○○ビジネスについて」	テーマ3「○○○○計画の策定について」
①講師の説明は分かり易かったですか	低　　　　　高	低　　　　　高	低　　　　　高
②内容に関しての評価はいかがでしたか	低　　　　　高	低　　　　　高	低　　　　　高
③資料は適切なものでしたか	低　　　　　高	低　　　　　高	低　　　　　高
④時間配分は適切なものでしたか	低　　　　　高	低　　　　　高	低　　　　　高
⑤十分にご理解いただける内容でしたか	低　　　　　高	低　　　　　高	低　　　　　高

・ご意見／ご感想／ご質問など

・今後、セミナーのご希望があればご記入ください

※ご協力ありがとうございました。

第3章

講師に必要な身だしなみと話し方

第3章 講師に必要な身だしなみと話し方

　本章では講師を目指すあなたへ、講師に必要な「身だしなみ」と「話し方」について、以下の視点から解説します。

- ステキなあなたを演出するには、どのような方法があるか
- 開始5分で受講者のハートを掴むには、どのような技が必要か
- 大切な受講者を退屈させないためには、どのような技が必要か
- エンディングを印象的に終わるためには、どのような技が必要か

　講師を目指すあなたは、受講者から見られる目立つ存在です。したがって第1節では、スーツの着こなしや、服装によるあなたの見せ方（演出法）を解説します。

　次に講師として登壇することになったあなたは、最初の5分で受講者のハートを掴み退屈させないセミナーを行う必要があります。第2節ではアイスブレイキングや楽しいエピソードでグッと受講者の心を引き付ける方法について解説します。

　第3節はセミナーを進めていく段階で、受講者への聞かせ技について具体的な手法（表現の仕方、間の取り方、発声方法、予告・説得話法、話し方のサイクル、脱一本調子等）を取り入れ、より分かりやすく解説します。

　第4節は、セミナーの最後の印象も始まりと同様に重要な位置づけです。「はじめよければ終わりよし、終わりよければすべてよし」のたとえ通り、受講者のハートに残るセミナーのエンディング手法を解説します。

1 あなたをステキに見せる演出法とは

「第一印象は、何秒で決まると思いますか?」

答えは6秒です。人が人を見抜くタイミングは一瞬なのです。もし出会いの第一印象が悪かった場合、それを覆すのには相手とじっくり6時間話さないと回復しないと言われています。しかし、私たちビジネスパーソンにとって相手の説得のために6時間を費やすのは非常に困難なことです。だからこそ第一印象の重要性がビジネスマナーでは問われるのです。第一印象の決め手となる大きな要素の一つは「服装」と「身だしなみ」です。

本節では、その重要な「第一印象の見せ方」について解説します。

着飾るのではなく見せるあなたを演出する

「あの方が先生……」

著者の知人に自然・環境問題の講師がいます。彼は海外の植林問題や無農薬の野菜作りで、都市と農村をつなぐ仕事などにかかわっています。そのせいか、普段はTシャツにコットンパンツ、夏場は素足にサンダル履きというラフな格好で飾り気のない人柄です。著者は、彼が初めてセミナーを開くと聞き、受講者として出席することにしました。ところが、驚いたことに、彼はいつもの飾り気のない格好で登壇したのです。そして、冒頭の言葉が受講者の間で囁かれたのでした。

「人は外見で判断してはいけない」といわれますが、裏を返

していえば「人は外見で判断されやすい」ということです。

もちろん、趣味に特化したセミナーの分野では、その世界のユニフォームともいうべき服装があります。釣りのセミナーではフィッシングスタイル、園芸のセミナーではカントリースタイルなどです。そういった服装でセミナーに臨むのも1つの演出かもしれません。

しかし、そのことが全てのセミナー講師も「ラフな服装が許される」と判断しないでほしいのです。こうした独特の分野の服装はセミナーのコンセプトに沿った、計算された演出法であるということを忘れてはなりません。

講師にとって、身だしなみは、最低限のマナーです。おしゃれなファッションで着飾る必要はありません。しかし、受講者に話を聞いていただくためには、きちんとした服装であるべきです。

ビジネスマナーの定義では、ファッションと身だしなみについて以下のように区別しています。

ファッション＝自己満足
身だしなみ　＝他者満足・顧客満足

講師としての立場では「他者・顧客＝受講者満足」が優先されるべきです。受講者と講師の出会いは「一期一会」です。貴重な時間をさいてセミナーに参加している受講者に感謝の気持ちと謙虚な姿勢を、まずは身だしなみから演出しましょう。

「見せること」と、「着飾ること」を混同しないように気をつけて下さい。「自分をいかに見せるか」にこだわった歴史上の英雄たちには、次のようなエピソードがあります。

例えば豊臣秀吉は痩せて貧相な自身の外見を意識し、いつも付け髭をしていました。病に伏した時ですら外すことはなかったそうです。

　また、第二次世界大戦のイギリスの英雄チャーチル首相は、葉巻がトレードマークでした。しかし実際の彼はそれほどヘビースモーカーではなかったといわれています。彼は自ら葉巻をトレードマークとして、いつも胸ポケットに吸いさしの葉巻を用意し、報道陣や大衆の前では決まってその葉巻を口にしました。葉巻は彼に勝者としての余裕と、大衆との親近感を演出する道具だったのです。彼らトップリーダーは「見せることへのこだわり」によって、自分の説得力が増すことを会得していたのです。

　着飾るとは自分の能力を超え、外面を飾り立てることです。能力を超えた部分はいずれ、メッキがはがれることになります。見せることの意義は冒頭のエピソードのように、自分の実力と、第三者の認識にズレがないかを意識し、もしズレがある場合は、そのギャップを埋める努力をすることです。

　せっかくセミナーのために十分な準備をし、その内容を伝えようと努力しているのに、外見からの判断でセミナー内容が十分伝わらないとしたら、これほどもったいないことはありません。ふさわしい外見（見せ方）が必要です。ことさら飾り立てることはないのです。講師として受講者が求めるイメージを自ら察知し、それに見合った外見を整えることは、セミナー講師としての第一歩です。

　「身支度仕事半分」という言葉があります。これは、阪急電鉄の創始者、小林一三氏の有名な言葉です。きちんとした身支度が整えば、それはその日の仕事の半分が片付いたのと同じ価値があるという意味です。身だしなみが、社会的にいかに大切

ということを、この関西屈指の財界人は良く知っていたのです。

講師向きの服装を考える

以下の5項目について、講師にふさわしい服装と持ち物を解説します。
①スーツ（男女共に）
②シャツ・ブラウス
③ネクタイ（男性）
④靴（男女共に）
⑤ハンカチ

①スーツ

講師の服装の基本は、スーツです。スーツにも選び方があります。「スーツは肩で着る」といわれ、まず肩幅、次に胸囲のサイズをきちんと合わせましょう。オーバーサイズに着るのは、欧米では、クラウン（道化師）といって、みっともない着方とされています。ぴしりと自分に合ったスーツで、姿勢を正しく胸を張るだけで、信頼感はアップします。

基本色は濃紺かグレーの無地。茶色は遊び着なので相応しくありません。

女性の場合でしたら、イエロー系のクリーム色やベージュ色を追加するのも良いし、知的な演出として上下をグレーと黒のコンビネーションにする場合もあります。

男性のジャケットの襟幅とVゾーンは、顔の大きさの見え方に関係しています。一般に、襟幅が広く、Vゾーンが深めの場合、顔が小さく見え、逆に襟幅が狭く、Vゾーンが浅めの場合は、顔が大きく見えます。男性は、ジャケットの襟幅とVゾー

ンに対する工夫が必要です。

　ポケットのフラップは、室内ではなかに、屋外では外に出すのが正式です。これは元々イギリスでフラップが、ポケットに入れた狩猟の銃弾を雨から守るために考案されたことに由来しています。なおポケットにものを詰め込むとスーツのシルエットが崩れるので避けましょう。

　男性の裾の折り返しはシングルが基本です。ダブルは、元々、アメリカのマッキンリー大統領が雨天のなか、裾をまくりあげたことに由来しており、どうしてもカジュアルな印象を与えます。男性の礼服のズボンがシングルであるのも、このことに由来しています。

　また、ズボンの折り目は脚を長く美しく見せます。講師の服装には自然と受講者の目が集まります。きちんとした折り目は、まさに折り目正しく、講師のシルエットや動きを美しく見せてくれます。ズボンの丈は、長いとだらしなく、短いと幼い印象になります。購入時は、店員さんが調節してくれますが、体型の変化とともに裾の丈が合わなくなることもあるので気をつけましょう。

②シャツ・ブラウス

　男性の場合、なかに着るシャツで一番大切なのはカラー（襟）です。

　顔に近い襟元は、顔や表情を引き立てる最大のポイントです。まず、首周りがぴったりとしたものを選びましょう。ここがぶかぶかしていると、とても、弱々しい印象を与えます。反対にきつすぎるのは、発声やハンドアクションを妨げ、見た目も苦しそうです。

　また、襟は最も顔から近いところですから、ここがしゃきっ

と清潔できちんとしていると、礼儀正しく、知的で、精悍に見えます。逆に、ここがくたっとしていると、いかにもだらしなく、頼りなく見えます。

セミナー当日はクリーニング店のおろし立てを着て臨むべきです。

最近は夏場のクールビズが人気ですが、心理学的には肌を露出したり、薄着をすることは、弱々しさの露呈とされています。夏でもワイシャツはきちんとした長袖を着ることが信頼感と説得力を増します。シャツの色は白では軽快すぎます。心理学的に白は軽いイメージを与えるのです。引越し会社が使うダンボール箱の色に白が多いのも、働くスタッフに少しでも重さを感じさせない工夫だそうです。また、就職活動の学生や新入社員が白いシャツを着るのも、会社に対する謙虚さを表しています。

しかし、セミナー講師である皆さんは、やはり、もう少し貫禄や威厳がシャツ選びにも必要です。無地か、カラーシャツ、場合によってはチェックやストライプなども取り入れ、講師としての風格を醸し出しましょう。著者はブルーをお勧めします。ブルーはトゥルーブルーとも言われ、信頼感を高めます。

2009年に来日したクリントン国務長官は滞在中、コート、ジャケット、スカーフ、イヤリングなど、装いに必ずブルーを取り入れていました。これは、アメリカにとって日本が軍事を始め、政治、経済などあらゆる面で信頼に足るパートナーであることをさりげなくアピールしたのだと著者には感じられ、アメリカの政治家のファッションパフォーマンスの高さを印象づけるものでした。

また、男性の場合、スーツの下がノーネクタイの講師も見かけるようになってきました。しかし、この場合、ファッション

性の高いシャツでなければ、「ただ暑いからネクタイを外した」という印象を与えかねないので、シャツ選びにも注意が必要です。

さらにドレスダウンにしてシャツの代わりにポロシャツというバリエーションもありますが、少なくとも襟のあるファッションを身につけることが大切です。

女性の場合は、スーツの下に着るインナーは無地が基本です。襟付きよりは、襟なしの丸首やVネックで、出した首周りは、小さくてシンプルでも高級感のあるアクセサリーで飾って下さい。とても、洗練された印象を与えます。また、ブラウスの場合は、Vゾーンが華美すぎないもの、フリルなどゴージャスすぎるものはパーティーをイメージさせ、派手な印象を与えます。セミナー講師の服装の基本は常にシンプルと清潔感がポイントです。

③ネクタイ

男性のVゾーンは、最大のメッセージゾーンです。その核になるネクタイには、受講者の視線が集まります。まず、いくらお気に入りだからといって、ネクタイは「しわ」や、「ねじれ」がなく、ぴんとしていること。くたびれているものはいけません。

色は、無地の単色が基本です。無地は、日本人にとって一番苦手な色ですが、実はとてもメッセージ性が強いのです。小泉元首相が、郵政民営化を国民に訴えるときは常に、ブルーの無地のネクタイでした。ブルーはクリントン長官と同じく、信頼感と誠実さを高め、彼の政策が信頼に値する誠実なものであるとのアピールだったのです。サウンドバイトと言われた短いフレーズを繰り返す巧みな演説手法と並び、視覚的にも、彼が稀代のビジュアルパフォーマンスの使い手であることを物語って

います。

　他にも、赤系統は、積極的でパワフルやパッションを、黄色は陽気で楽しい雰囲気を出しますが、セミナーの内容によってはふさわしくない場合があります。

　柄を選ぶなら、レジメンタル（斜めストライプ）か、小紋（小さい模様や形が全体に規則正しく並んでいるもの）、あるいはドット（水玉）です。レジメンタルは積極性ややる気を感じさせます。小紋は奇抜すぎず、大きすぎない絵柄がよいでしょう。小さなドットはエレガントな印象を与えますが、大きすぎると品のない印象を与えます。

　ネクタイの結び方のポイントは、ネクタイを結んだときに、結び目のすぐ下に一本縦にへこみ（プリーツ）を作ることです。これによってネクタイに表情がでてきます。女性が着物を着るとき結ぶ帯もそうですが、背中にくる帯の部分（お太鼓と呼ばれる）もやはり、ふっくらさせて表情をつけるといわれます。

　このネクタイの表情のつけ方は、アメリカのオバマ大統領をお手本にしてみて下さい。彼の立場上、通常であれば、フォーマルな場にふさわしい結び方であるウィンザーノットが多いと思われがちですが、あえて若々しさを演出するためにシンプルノットの結び方が多く、女性のスカーフのようにふわりと結んでいます。そして立体感のあるプリーツを作り、知的でエレガントな印象を演出しています。

④靴

　日本は靴を脱ぐ習慣があるせいか、靴は後回しになりがちです。外出のときも、最後に玄関で靴を履くだけなので、ついついおざなりになってしまうのです。しかし、接客業の人々によ

れば、客のステイタスを見極めるのに注目する最初のポイントは、靴だそうです。

セミナー講師も、まさに足元を見られています。せっかくスーツが颯爽ときまっているのに、レジャー風やスポーティーな靴を選んでいませんか。奇抜な色や形はそぐいません。基本は黒で、バリエーションは茶、紺色までです。

男性の場合、このうち茶色はスーツでは遊び着の色ですが、紺やグレーのスーツに合わせると、垢抜けた印象を与えます。また、かかとはどうでしょうか。磨り減ったかかとでは、セミナーの内容まで浅薄に聞こえてしまいます。

女性の場合は、かかとの高さは自分が動きやすい高さまでにしましょう。セミナーだからといって、いたずらに高いヒールを履く人もいますが、慣れない高さで不安定に歩いていては、受講者にも頼りなげに見えてしまいます。

著者は、中敷きの部分のクッション性の高い靴を選んでいます。セミナーは2時間位から、長いもので休憩をはさみ丸1日立ちっぱなしということもあります。靴は講師の大切なパートナー。足、膝、腰に負担をかけず、長時間のセミナーを乗り切るものを選びましょう。

そのほか、靴やコートは、会場によっては主催側が預かってくれる場合があります。靴やコートは常に「人手に渡りやすいもの」と考え、不快な印象を与えないよう、臭いやほころびに気をつけ、きちんと手入れを忘れないようにしましょう。靴は新品でなくとも、清潔感があり、よく磨かれ、傷や磨り減りのない、足にあったものを選びましょう。

ちなみに、講師が靴からスリッパに履き替えなければいけない会場もあります。セミナーを、スリッパで行うことになるのですが、この時、スリッパを履いて歩く音がうるさい講師を見

かけます。ぱたぱたと、音が目立ち、話をさえぎっています。細かいことですが、スリッパのなかの足指に少し力を込め、静かに歩くよう心がけましょう。

⑤ハンカチ

ハンカチは必ずもちましょう。

汗というのは、暑い時だけでなく、緊張した時もかきます。特に慣れない頃は、人前に立っただけで、どっと冷や汗という講師もよくみかけます。そういう時、まさに額に汗して話す姿は決して清潔感のあるものではありません。

ハンカチで、こまめに汗を拭い、さわやかな印象を保持しましょう。もちろん、ハンカチは清潔なものを準備しましょう。

2 開始5分で受講者のハートを掴むには

あなたが今まで受講したセミナーのなかで一番印象に残っていて、忘れられない講師はどなたですか。きっとその講師の方は、セミナーの開始後すぐに、あなたのハートを捕らえたのではないでしょうか。

本節では、皆さんが講師を目指す際に決して忘れてはならない、「セミナースタート開始後5分のゴールデンタイム」の話し方とその手法について解説します。あなた自身が今でも忘れることの出来ない素敵な講師を思い浮かべながら本節を読み進めて下さい。

記憶に残る自己紹介で決める

「みなさん、こんにちは」

最初の挨拶は「こんにちは」だけではなく、必ず「みなさん」と、呼びかけてから始めて下さい。冒頭を「こんにちは」のみで、始める講師の方が多いようです。もう一声、挨拶の前に「みなさん」と、元気な声で親しみをこめて呼びかけ、受講者の顔がこちらに向いたときを見計らい「こんにちは」と、続けます。こうすることにより、受講者の視線を集め、会場の緊張感が和らぎます。

また「みなさん」の一言で、それまでの会場の雰囲気を変え、自分が主導権を握ることができます。このことによって、講師は会場の空気を支配でき、これから始めるセミナーが心理的にやりやすくなるのです。

次に、自己紹介です。

「石原裕次郎の兄です」

都知事の石原慎太郎氏が、このように自己紹介をしているのを耳にしたことがあります。文化人であり政治家である自分より、芸能人である弟の方が有名といわんばかりのこの自己紹介には、石原氏流の照れとユーモアがあふれ、印象的です。

講師としては、受講者の記憶に残る印象的な自己紹介を、さらりと演出したいものです。自分だけの言葉、オンリーワンの自己紹介を考えておくことが大切です。

自己紹介を考えるために、次のような発想法はいかがでしょうか。

①語呂合わせ

「風の谷のナウシカの、谷鹿です」

語呂合わせは、ユーモアもありストレートに名前を記憶させることができます。こういう時はちょっと珍しい苗字や名前の方は、有利といえます。

② ご当地ネタ

「北海道は、父が生まれたところです」

セミナーの会場にちなんだ地域の文化や習慣と自分を結びつけることにより、受講者との距離が一気に縮まります。郷土愛は、人間の根源的な欲求なので、受講者の感情に強く訴えかけることができます。

③特別な体験

「一瞬だけアメリカ大統領になったゴアです」

誰もが特異な体験には好奇心を持ちます。そういう体験をしたということが、受講者に強い好奇心を抱かせます。誰でも何かしら、ユニークな体験はあるはずです。自分史を振り返り、自分なりの体験を発掘して下さい。

心理学には自己開示という概念があります。自己を包み隠さず、明らかにすることによって、他者との親近感を獲得することをいいます。また、ザイアンスの法則では、人間は自分の人間的な側面を知らせることにより、他者から好意を得られるといっています。そのため、自己紹介では、できるだけ、自分自身をさらけだし、人間味のあるものにすることで受講者の親近感と好意を得ることが必要です。

アイスブレイキングで受講者のハートを融かす

アイスブレイクとは、ハンマーで氷を叩き割るという意味です。セミナーが始まったばかりの会場は、まるで氷原のように空気が張り詰めています。その凍りついたような空気を一瞬で叩き割り、一気に和ませるのが、アイスブレイキングです。アイスブレイキングには、ゲームがよく使われます。

次のようなゲームを実施してみるとよいでしょう。

①自己紹介ゲーム

大人数でも、小人数でも使えるゲームです。

前後左右というように、隣り合って着席している受講者同士に、時間を制限し、互いに、挨拶と自己紹介を促します。受講者同士の親近感や、仲間意識が生まれます。

②他己紹介ゲーム

比較的小人数で使えるゲームです。

自己紹介ゲームの変形版ですが、紹介するのは自分ではなく、あらかじめペアを組んだ相手です。互いの情報を質問により入手し、相手を受講者の皆さんに紹介します。

③三択ゲーム

大人数でも、小人数でも使えるゲームです。

セミナー内容に関連した設問をつくり、その答えを三つ用意します。このようにしてつくられた三つの選択肢を、受講者に問いかけ、各自が正しいと思える答えに対し、挙手や拍手で選択してもらいます。これから始まるセミナーの予備知識ともなり、セミナーの理解を助けます。

④笑顔ゲーム

大人数でも小人数でも、使えるゲームです。

伝言ゲームの笑顔版です。言葉を伝える代わりに、笑顔を伝えていきます。伝える際に、必ず「にこっ」という言葉を添えます。会場全体に、笑顔があふれるゲームです。ただ、まれに異性間で、笑顔を見せ合うことに嫌悪感を示す受講者がいるため、受講者の集団特性などを良く見極めることが必要です。

⑤集団体操

大人数でも小人数でも、使えるゲームです。

講師がインストラクターとなり、簡単なストレッチや深呼吸を指導します。身体的に受講者の緊張をほぐし、脳が活性化するのでセミナーへの集中力も高まります。また、講師の指示に従い、体を動かすことで、受講者の講師に対する心理的信頼感を高めます。

アイスブレイキングには、こうしたゲームのほか、パワーポイントやスライドなどで示した画像を使ったクイズなど、他にも様々なパターンがありますが、極端にいえば、ゲームやクイズでなくても良いのです。講師のイニシアティブにより、受講者に一体感をもたせ、和気あいあいとしたムードが醸成されれば良いわけですから、その手法は、講師次第です。自分に合った、アイスブレイキングを探し、受講者に合わせて、使い分けてみて下さい。

受講者をグッと引き寄せるエピソードを用いる

「では、始めます」

講師によってはこのように、いきなりセミナーを始めてしまう方がいますが、受講者にとってこれは少々、性急な始まり方です。セミナーの冒頭ではまだ、受講者も心の準備ができていませんので集中しようと思っても、なかなかセミナーに集中できていません。そこで、セミナーの本題の前に挿入したいのが、講師と受講者の心理的距離を縮め、グッと引き寄せるエピソードです。

元気で好感の持たれる挨拶、記憶に残る自己紹介に続いて、受講者との距離を縮め、グッと引き寄せるエピソードを入れましょう。

・「私は55歳からスノーボードを始めました。月に一回は滑りに行っています。自分は結構いけるなと、年甲斐もなく一人でほくそ笑んでおりましたが、ゲレンデで、子供の前で格好つけて少し高くジャンプした瞬間、そのまま転倒。そして、骨折。やはり歳にはかなわないなと、がっくりしました。松葉杖も経験しました。やはり無理はいけません」

・「私は美大の出身です。55歳から趣味で油絵を始め、有名な先生に習っています。去年は絵画展に出展して賞をとりました。初めての出展で受賞したのには自分自身驚きましたが、すっかり自信がつき今は油絵に夢中です。皆様にその作品をお見せできないことが残念ですが……。皆さん趣味は高尚なものを持ち自分を高めていきましょう」

どちらもエピソードの紹介で、いずれも趣味を話題にしていますが、あなたは、どちらの講師の話に共感を感じるでしょうか？

もちろん、前者ですね。

話が日常的でユーモアがあり、講師自身がその時感じたままを素直に表現し、受講者が共感できる内容だからです。

経験談は、成功談よりも失敗談の方が好感が持たれます。それに対し、後者のエピソードは、ややもすると自慢話と思われかねません。

受講者より講師が一段高いところにいるような感じさえもたせ、受講者との距離を縮めるどころか、むしろ講師と受講者の距離は遠ざかるばかりです。

「受講者をグッと引き寄せるエピソード」の導入は、話の内容よりも、その講師への親近感を持ってもらうことが目的なのです。「この講師の話を聞いてみたいな、楽しそうだな、講師だからといって気取っていないな、親近感がもてるな」と、好印象を与えることが重要です。

良い印象を与えることにより、この講師の話に積極的に耳を傾けたいという気持ちが芽生え、結果として講師自身も、話しやすくなるのです。聞きたい、話したいという受講者と講師との良いサイクルが生まれます。

それでは、どういう話題が距離を縮めるのでしょうか。

①当日の話題

当日の気象や、会場までの経路で体験したエピソード

例）「台風一過の言葉通り、今日は本当に良い天気に恵まれましたね」

②旬の話題

当日の新聞をはじめ、時期や季節にあった話題。宗教、政治

の話題は避けた方が無難です。

　例）「今は卒業式シーズンですね……」「今朝の新聞でこんな
　　　明るいニュースを発見しました。みなさま、ご存知ですか
　　　……」

③ これから話すセミナーの枕詞的な話題

　落語では、演者が本題に入る前の雑談的な語りを、マクラと呼びます。当日のセミナーに関わる話題を最初に語ることでスムーズにセミナーに入ることができます。

　例）話し方セミナーの場合、「テレビで活躍の有名タレント
　　　で、話し方が上手だといわれているベスト3をご存知です
　　　か」3位……　2位……　1位……

　セミナーの冒頭は遅刻する人もあり、ざわざわとした落ち着かない状況の場合も多いものです。受講者がそろい、一体感が醸成されるまでの冒頭の数分は、むしろ、このようなエピソードを挿入することにより、傾聴のムードが高まることを待つことも大切です。

　挨拶、自己紹介、アイスブレイキング、受講者をグッと引き寄せるエピソードまで、5分から10分ほどかかりますが、受講者のハートをがっちりとつかむ大切な時間です。講師のペースに受講者を自然と引き込むことができれば、セミナーの滑り出しは、上々です。

3 大切な受講者が、退屈していませんか

あなたは今までセミナーを受講して、ついつい眠ってしまったことはありませんか。「自分のセミナーで受講者が寝てしまうのではないか」そんな不安を取り除くため、本節では「ダメな講師」にならないための必須スキルを解説します。

同時に本節で、講師の話し方のスキルについて具体例を挙げ解説します。

ダメな講師がやってしまうことは何だろう？

著者は講師を志した日から10年間今までありとあらゆるセミナーを受講してきました。その数は300にも上るでしょうか。そのようにして300人以上のセミナー講師の手法を著者なりに研究してきました。そこで感じたことは、何よりも講師としての話し方が受講者の満足度に大きな影響を与えるものであるということでした。セミナー内容が充実していることも大切ですが、どんな素晴らしい内容であっても、伝え方一つでその印象ががらりと変わってしまうものです。

レジュメの内容が素晴らしいのに、その素晴らしさが伝わらないのは、とても残念なことです。また、高額のセミナー料を支払ったにもかかわらず、満足感がないセミナーにがっかりしたり、無料のセミナーなのに分かりやすく、しかも丁寧に楽しく教えていただいた時は、次回がたとえ有料であっても再びその講師のセミナーに足を運んだものです。

以下に、著者のこれまでのセミナー受講体験から学んだポイ

ントとともに、著者自身が登壇するときに常に気をつけている事項を挙げてみます。

① 抽象的な表現が多く、難しい

「あっ催眠講座になりそう」

著者は大学講師もしていますが、学生が退屈そうにうとうとし始めると、急いで軌道修正をします。グッと引き寄せるエピソードでは学生の興味、関心のある楽しい話題を盛り込むので良く聞いてくれますが、学術的で抽象的な内容に入ると、下を向きはじめ姿勢が少しずつ崩れます。しかし、抽象的な話は高度な内容の場合、避けては通れません。抽象的な話をただ繰り返していると、受講者は自分のなかに落とし込めず理解ができなくなります。そうなると他人事のように思われ、興味をなくし、結果、つまらなくなり、眠くなり、最悪の場合、寝てしまうのです。

抽象的な話を、受講者の興味レベルに合った経験談、例え話、比喩を駆使して、分かりやすく噛み砕いて下さい。平面的で抽象的な内容が、立体的に立ち上がり、受講者が具体的にイメージできます。

経験談といえば、著者には以下のような失敗例があります。

著者が秘書時代のことです。その職場では、社長のことを「ボス」と呼ぶ職場内の慣習がありました。しかし、著者にとってボスという言葉は、なぜか、サル山のボス猿を思い起こさせ、なかなか口に出すことができませんでした。職場勤めが始まってしばらく経ち、ついに、著者も「ボス」と呼ばざるをえない状況が巡ってきました。ところが、その時、著者の口から、出てきた言葉は「ボク!」。その一言に周囲があ然としたこ

とはいうまでもありません。著者は穴があったら入りたい状況に追い込まれたのでした。

著者はこの話を「普段から使い慣れない言葉は、簡単に使えない」ということを説明するための、経験談として使っています。

経験談を挿入するときは、以下のことを心がけて下さい。
経験談挿入の注意点
・話は日常的であること
・情景が浮かぶように視覚的に話すこと
・講師の感情を盛り込むこと
・台詞仕立てで、物語ふうに話すこと

次に、例え話、比喩表現といえば、著者は岡山の出身で小さいときから、桃太郎の昔話を聞いて育ったのですが、なぜ、桃太郎のお供をするのは、猿と犬とキジなのでしょうか。それは、猿は知識や知恵が豊富な「知」の役目。犬は主人に従順な「情」を意味し、キジは鬼の目玉を迷いもなく射抜く強い意志の「意」を表し、人間が生きていく上で大切なことは「知・情・意」の三つであることを、子どもに親しみやすく、分かりやすく、物語として教えているのです。これを、抽象的に伝えても、子どもたちにはうまく伝わらないはずです。

また、釈迦をはじめ過去の偉大な宗教家たちは、例え話、比喩の名人だったといわれています。昔の無学の民衆に分かりやすく説法するには、やはり、例え話、比喩が必要不可欠だったようです。

例え話、比喩では、以下のことに注意しましょう。
例え話、比喩の注意点
　・説明内容よりさらに、難しい例えにしない
　・身近なものや知っていることに引き寄せる
　・受講者に応じた旬や流行を取り入れる
　これらは、受講者の理解を助け、鮮明なイメージを形作ります。

　話すコツとしては、受講者から、まず「えっ」と注意をひき、「ふーん」と考えさせ、「ほー」と納得させることです。
　よく、まずはじめに「面白い話があります」といって、注意をひこうとする講師がいますが、この言葉は、必要以上に受講者の関心や期待をあおり「案外、面白くなかった」という結果になってしまいがちです。これも、ダメな講師がやってしまう技のひとつです。

②「リポートトーク」と「ラポートトーク」

　「宮崎をどげんかせんといかん」
　東国原知事のこの発言は読者の記憶に残っていると思います。方言と標準語を使い分け、ときには声高になったりユーモアを交えたりする話し方は、宮崎県民でない著者でさえ応援したくなるそんな気持ちが知らず知らずに芽生えてきます。
　オバマアメリカ大統領の演説にも同じことを感じました。力強く分かりやすく情熱的に「チェンジ、チェンジ、チェンジ」と繰り返す彼の演説は、同じく名演説家と謳われたケネディ大統領をしのぐともいわれています。
　言語学ではこうした話し方を「ラポートトーク」といいます。それに対し、ニュース原稿を読むアナウンサーのように、

伝えたい情報のみを淡々と話すことを「リポートトーク」といいます。ラポートとは、心理学用語のラポールから来ており、ラポールとはフランス語で橋渡しをするという意味です。講師は心から心へと橋をかけるように、受講者との信頼関係を構築しながら話を進めていかなければいけません。「リポートトーク」はニュース原稿を読むアナウンサーには大切なことですが、講師としての話し方では、ラポートトークを心がけることが大切です。

リポートであればいっそのこと文書にしてもらい序論、本論、結論とまとめてもらった方が分かりやすく、セミナー会場まで足を運ばなくてもいいのです。でもそうではなく会場まで足を運んで下さることは、文書だけでは感じることのできない講師の人柄、臨場感、仲間意識そういった人間的なふれあいを求めて来られるのだと思います。

「慣れないラポートトークをするのは恥ずかしく緊張してしまう。どうしたらよいでしょうか」と、よく質問を受けますが、著者はいつも二つのアドバイスを伝えます。

一つは、「自分の大切な一人の人に話しかけるように始めてみて下さい」というアドバイスです。たくさんの受講者の皆さんを意識し過ぎるから緊張するのです。「大切な一人の人」に話をするつもりで話し始めてみて下さい。その人に聞かせるように、分かってもらえるように話すと、その話し方は自然とラポートトークになっています。

二つ目は投げかけ質問を多用するようアドバイスします。以下に具体例を挙げてみます。

i **個別質問**
「阿部さんはどう思われますか」

前列で話を聞きながら、よくうなずいている受講者に質問を投げかけます。

ii　全体質問
「皆さんのなかでこの本はもう読んだという方がいらっしゃいましたら、手を挙げて下さい」と、全体に質問を投げかけます。受講者の皆さんに手を挙げてもらいたいときは、講師も手を挙げたポーズで、呼びかけます。

iii　自問自答質問
「新社会人にとって一番大切なことは何でしょうか」と質問を投げかけ「そうですよね、先ほどからお話ししている通り時間と約束を守ることですね」と、受講者からの答えを求めず、自分で答えをいってしまうことです。これは説得話法にも利用できます。話の内容を強調できる一つのテクニックです。

このように質問を投げかけ受講者との一体感を獲得することによって、ただ、淡々と話してしまうリポートトークや、まるで機械がしゃべっているようなスピーキングロボットになることを防ぐことができます。

③ 間が取れない

「実は……」

下をむいていた受講者の皆さんが、一人二人と顔を上げて講師の方を見てくれます。「間」をとり沈黙を作ったからです。講師のなかには緊張のあまり沈黙が怖い一生懸命に話し続ける人がいます。これでは受講者の皆さんは疲れてしまいます。

日本家屋には「床の間」が存在します。それが私は「間」の

原点だと考えます。不要な空間のようであって実はその空間が、和室に重々しさと落ち着きを演出してくれます。無駄なようで無駄ではないのです。

話し方の「間」にも同じことがいえます。話がテンポよく進んでいる時、受講者のヒアリングのタイミングを一瞬崩して注意を引きます。若者に人気のあるお笑いタレントのなかにも「上手だなぁ」と感じさせる人たちはやはり「自分たちの間」を持っています。観客は知らず知らずに話の内容よりもその「間」に引き込まれているのです。講師も、「間」をうまくとることにより、受講者をセミナーに引き込むことができるのです。

受講者にとっての「間」は、次の三つです。

i 場の雰囲気を変える（チェンジオブペースの間）

アナウンサーが悲惨なニュースの後に、明るいニュースを伝える時などに使われる間で、チェンジオブペースの間といわれます。間をとることにより、新たな内容、情報を伝える雰囲気づくりをします。

ii 考えさせる（参加させる間）

「皆さんはどう思われますか」「話し方のポイントは何だと思いますか」と答えを考えてもらったり、「ここまでは、ご理解いただけましたか」と了解をとる間です。一方通行ではなく、講師と受講者の関係を双方向にして、参加意識を高めます。

iii 強調する（注意を集める間）

強調したい言葉の前後に間をつくることにより、その言葉を浮かび上がらせることができます。

「間」は、「魔」に通じるともいわれ、巧みな間は効果を上げますが、下手な間は、「間延び」「間抜け」といわれます。よく後輩の講師から「どのくらい間をとれば良いのでしょうか?」と質問を受けますが、私は「心のなかでゆっくり1、2、3と3秒とってみたら」と話します。決して間は3秒ではありません。

話の内容や会場の雰囲気によりますので、こればかりは経験がものをいいますが、体感することにより、まず「間」がどういうものか理解でき、短かったことや、長かったことが初めてわかります。よって「まずは3秒」とアドバイスすることにしています。

④ 声と滑舌

「声は人なり」と、いわれます。セミナー講師も、できればふさわしい声で、その内容を伝えたいものです。声は講師にとっては強力な武器でもあるのです。では、講師にふさわしい声とはなんでしょう。

美しい声は魅力的ですが、講師が必ずしも美声である必要はないと著者は考えます。講師にとって大切な声は、まずその内容がきちんとハッキリ伝わること、そして受講者が聞き取れることです。せっかくの内容が、小さくて聞き取れない、または、くぐもってよく分からないでは、台無しです。小さい声を大きくするには、発声が大切です。

講師のなかには、無理に声を張り上げて、のどを痛めている人もいます。今は、マイクの性能も発達しています。発声のポイントは大きく声を張り上げるのではなく、響かせることです。人間を管楽器と想定してみて下さい。のどというリードの

ついたこの楽器を響かせるには、のどの力はむしろ抜いて、のどに向かって十分な息をあてることです。この十分な息を与えるのに最適なのがいわゆる腹式呼吸です。

　この腹式呼吸を体感するには様々な手法がありますが、その基本はやはり健康な体です。健康な体は健康な呼吸を、そして健康な声をつくります。講師にとって、声は大切な仕事道具です。健康な声のためにも、日ごろから、何か毎日続けられる運動を心がけ、特にセミナーの前は風邪などひかないように健康管理には細心の注意をはらいましょう。

　また、くぐもってしまうのは、舌や口の動きが堅いのです。この状態を「滑舌が悪い」と、いいます。滑舌の基本は、まず口を縦に開けることです。よく「大きく口を開けて」と、いい

外郎売り

　拙者親方と申すは、御立合の中に御存知のお方もございましょうが、お江戸を発って二十里上方、相州小田原一色町をお過ぎなされて、青物町へ登りへおいでなさるれば、欄干橋虎屋藤衛門、只今剃髪致して、円斎と名のりまする。

　元朝より、大晦日までお手に入れまするこの薬は、昔ちんの国の唐人外郎という人、我朝へ来たり、帝へ参内の折からこの薬を深く篭めおき用ゆるときは一粒づつ、冠の隙間より取出す、拠ってその名を帝より透頂香と賜る。即ち文字には「頂き、透く、香り」と書いて、「透頂香」と申す。

　只今はこの薬、殊の外世情に広まり、方々に似看板を出だし、いや、小田原の、さん俵の、炭俵のと色々に申せども、ひらがなを似って「ういろう」と記せしは親方円斎ばかり……

ますが、正しくは縦に大きく開けます。この感覚をつかむのに良いのが鉛筆などを横一文字に奥歯で噛んだまま、声を出してみることです。しばらく出したあと、鉛筆をとると、その反動で自然と口が縦に開きます。

　滑舌を良くするには、様々な早口言葉や、練習法がありますが、私がお勧めするのは、歌舞伎のなかで使われる「ういろう売り」です。このせりふには、日本語のすべての発音練習が含まれているといわれ、今でも日本のアナウンサーや俳優の練習の定番となっています。

　少々、長いですが、発声にも滑舌にも役立ちます。少しずつでも良いので、毎日、練習してみて下さい。三カ月もすれば、自然と暗記し、口をついて出るようになります。「ういろう売り」は、インターネットで検索すれば出てきます。

　ぜひ、試してみて下さい。

受講者も納得！　聞かせ技で決める

　受講者が退屈してきた様子を間近で感じるのは、講師として辛いものです。だからといって、軌道修正にあせればあせるほど受講者も離れていきます。結果として講師のモチベーションも下がってしまいます。こんな時は時間に余裕があるようであれば、思い切って一度休憩をはさむのも手です。

　そして休憩中に原因を究明し作戦を立て直しましょう。また突然ではダメですが、流れの区切りの良いところで、セミナー内容にあったクイズを用意しておき、クイズで場の雰囲気を変えるのも一つの技です。その他「話は少しそれますが……」と前置きしてユーモアのあるエピソード、あるいは感動させるエピソードを導入することも一手。これには普段から情報収集や

日常の自分の引き出しを増やすことが大切です。

このように講師にはいくつかの聞かせ技があります。そんな聞かせ技を以下に4つ紹介します。

①予告話法

「CMの後は、天気予報です」

テレビで耳にする表現です。こういういい方をされると思わず期待が高まり、待ちかねてしまいます。映画の予告編も同じく、封切前に流される魅力的な予告編で新作への期待も高まります。

心理学的には人間の集中力は、20分から30分といわれています。

また、この集中力は昼食後や、休憩前はさらに低下します。受講者の興味や期待感をつなぐためにも、適切なタイミングで講義の随所に予告を盛り込む必要があります。予告には次の、3つがあります。

i　セミナーの始めに予告

いきなりセミナーを始めるのではなく、セミナーの骨子と時間配分を予告しておきます。こうすることにより、受講者は大まかな流れをイメージでき、聞く準備や心構えができます。

例)「今日は前半2時間で、クレームの知識と種類。後半2時間で具体例とその対処法について、説明と実践を行います」

ii　内容の予告

当日の受講者がもっとも知りたいことに焦点を合わせ、その内容が講義のなかに盛り込まれていることを予告します。こうすることにより受講者の期待感が膨らみます。

例)「今日は、営業担当の皆さんに圧倒的な支持を受けている、明日から使えるマジックフレーズをこのあと説明します」

ⅲ 意見の予告

セミナーで伝えようとする一定の価値や、あり方について、早い段階で講師の意見や考え方を予告します。こうすることによりセミナーの内容を受講者に受け入れてもらえます。これは、予期的説得法といい、心理学的にもその効果が認められています。

例)「話し方でもっとも大切なのは「間」です。そこで今日は、さまざまな間について、このあと説明していきます」

予告は、集中力が途切れ始めた受講者を刺激し、呼び覚まします。あまり多用すると、かえって受講者のストレスになりますので、適切に用いることが肝心です。

②説得話法

では、どうすれば人は説得されるのでしょうか。私はそれを、7つのポイントにまとめ、「説得のレインボー」と名づけています。

ⅰ 第三者の証拠、証言を入れる

科学的な法則や事実をはじめ、学者、文化人、有名人など著名な人々の証言や価値観などを取り入れることで内容に信憑性と権威が生まれます。

ii 統計、データ、数値を織り込む

文章や言葉以外を用い、内容を裏付けていきます。

「東国原知事が就任しただけで、宮崎県に年間500億円の経済効果」ただ単に東国原知事が大人気というだけではなく、このように数字を裏付けて伝えると、とたんにその人気のすごさが現実味を帯びてきます。数学が苦手という人が多い反面、数字を上げるととたんに納得してしまうのも面白いものですが、事実です。

iii 視覚物の利用

「百聞は一見に如かず」といわれるように、百の言葉より視覚に訴えるほうが有効なことがあります。わざわざそのために、デザインしたり制作したりするまでもなく、ごく身近なものを持参し、説明に使うだけで受講者の目は輝きます。テレビ世代なのでしょうか。視覚に訴えることは、心がけておく手法の一つです。

なお、こうした視覚物をセミナー中に受講者に回覧する講師がいますが、注意力が散漫になる、私語が増えるなど、逆効果になりがちです。視覚物はセミナー中ではなく、休憩時間などに回覧しましょう。

iv 末尾は断定表現

「かも知れません」「ではないでしょうか」「感じがします」

前の発言をあいまいにしてしまうこれらの末尾は、発言の内容に責任をとらない逃げの言葉です。これでは、受講者の心は動きません。セミナーの内容に自信を持って、要所要所で断定して述べましょう。

v 確信のあることだけを話す

信念があれば、その言葉にはおのずから力強さが生まれます。反対に、単なる伝聞や、準備不足のことを話すと、声は小さくなり、勢いも弱くなりがちです。セミナーの内容を確信の持てるもので組み立てましょう。人を動かすことは、まず、自分がその内容を強く信じることから始まります。

vi ノッキング効果

ノッキングとは、ホワイトボードや演壇を軽くノックして音を発生させることです。五官の一つである聴覚を刺激することにより、受講者の注意を引きつけます。強調したい言葉や情報を伝えるまさにその時に、間髪を入れず、ノックすることが大切です。

ノッキングは、無意識に訴える強い効果を持ちますので、多用すれば受講者を疲労させます。1時間に1回程度を心がけましょう。

vii ここだけの話

「ここだけの話だけど」

友人からそう切り出されると、思わず身を乗り出しませんか。自分だけが知っている。あるいは、あなただけにしか話さない。人はこのように機密的に情報を提示されると、優越感をくすぐられ、その情報を信じたくなります。

特に、セミナーという限られた空間で話されているという状況に加え、ここだけの話という前置きが入ると、受講者は思わず耳をそばだててしまいます。今回のセミナーだけ。当日だけ。ここに集まった人にだけ。このようなプレミアムを付加することにより、受講者の満足感が高まります。ぜひ、そのよう

な限定的な情報を盛り込んで下さい。

以上が、7つの「説得のレインボー」です。このレインボーを積み重ねれば、雨が上がるように、くっきりとセミナーの内容が受講者の頭のなかに描かれることでしょう。

③話し方のサイクル

どうしたら、いきいきと話を進めることができるでしょうか。それには、話し手と聞き手、すなわち講師と受講者の間に常に、前進していくサイクルが回っていなければなりません。このサイクルを、著者は「話し方のサイクル」と名づけました。このサイクルが、くるくると回転するとき、話はいきいきと、活性化していくのです。

下図は、コンテンツ（C）から始まります。コンテンツとは、講師自身がセミナーのために、準備してきた内容です。

これは普通、セミナーの進行時間（タイムスケジュール）が記入された原稿として、講師の手元にあります。また、パワーポイントやスライド資料として、準備していることもあります。これをただ単に読み上げていっても、それは原稿の棒読みになるだけです。このいわば眠って横になっているコンテン

話し方のサイクル

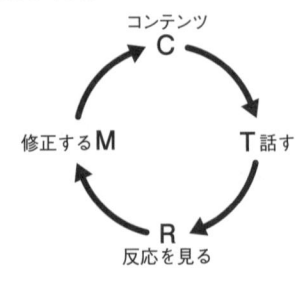

```
        コンテンツ
            C
     ↗         ↘
修正するM        T 話す
     ↖         ↙
            R
         反応を見る
```

C Contents （内容）
T Talk 話す
R Response 反応
M Modify 修正

ツ(C)を起こし、いきいきと伝えるのが、言葉に出すトーク(T)です。

トーク(T)は、一方的に話すだけではなく、聞き手をよく観察し、そのレスポンス(R)を捉えることが大切です。そうして捕捉した聞き手の反応をよく吟味し、直ちに話の流れや切り口を変化させ、修正・モディファイ(M)していきます。そうすることによって、話は息を吹き返し、また、聞き手の興味を呼び覚ましていきます。このサイクルが回り続ける限り、話はいきいきと、話し手と聞き手の間で、前進していくのです。

「教育者は五者たれ」と、いう言葉があります。

教育者は、「学者」「医者」「易者」「役者」「芸者」という五者となったときに、教育をまっとうできるという意味です。

学者とは、研究、研鑽を怠らないこと。

医者とは、患者に向き合うように受講者をよく観察すること。

易者は、将来を見据え受講者を導くこと。

役者は、受講者の視点で演じること。

芸者は、芸を持って魅せ、受講者の心を惹き魅了すること。と著者は考えています。

著者は、セミナー講師も、一人の教育者として、五者であるべきだと考えます。五者のうちセミナー講師には、特に役者と芸者としての能力が必要です。セミナーはある意味コンサートや舞台の様なものです。

受講者の満足の核心が「感動」であることを、一流講師はみな知っています。逆にいうと感動のないセミナーは例え学問的に正しい知識の伝達ができたとしても味気ないものです。その感動の第一歩である役者と芸者になりきって下さい。

ただ漫然と知識や情報を伝達するのではなく、五者を感じながら、セミナー講師としての「自分磨き」に努力していただきたいものです。

④脱！　一本調子な話し方

「一本調子な話し方はなぜ、いけないのでしょうか……」。例えばここに平坦でどこまでも続く道路があるとします。高低さもなく、景色も変化せず、ただアスファルトの道路が延々とまっすぐに続いています。このような道路を運転していると、そのうちに運転手は眠気に襲われてきます。これでは事故になってしまいます。一本調子の話し方は、これに似ています。

話という道路が、まずどこに向かっていくのか、まず標識を立てましょう。これは、話では、テーマとゴールにあたります。話すときに、まず、今日のテーマについて、しっかりと提示し、そのゴール、つまり受講者にどのように変化してほしいのか、その到達レベルを予告します。

次に、景色を時折変化させましょう。これは楽しく具体性のあるエピソード、ユーモア、比喩、例え話を導入することです。今日のテーマに沿って論旨を組み立てていくのですが、それだけでは、論文発表になってしまいます。

セミナー講師は、時候や時事、旬にあったエピソードや、思わず笑いがこぼれるユーモア、難しくイメージしにくい事柄を理解しやすくする比喩、例え話であたかも窓の外の景色が次々に変わっていくように、楽しいセミナーを工夫しなければなりません。

そして、道路にも高低やカーブを入れましょう。これは、声のトーンやボリューム、抑揚、間の取り方、話し方の緩急などです。まじめでシリアスなトーンから、軽妙で明るいトーンを

使い分け、大事なところは基本的に大きく、場合によっては逆にささやくような小さな声で、注意をひき、文字に例えれば、アンダーライン、太文字やイタリック体。そして、色や大きさを変えるように抑揚をつけ、大事な語句や概念の前などには、間をとり、すばやく流すように早く話すところと、ゆっくりとかみしめ、噛んで含むように、勿体つけるなど、速度にも工夫をこらします。

さらには、顔の表情や、ジェスチャーも動員し、体全体の表現も付け加えます。こうすると、いわば運転者である受講者の楽しみ、つまり理解度はぐんと高まります。

また、スタートからゴールまでの、セミナーという道路に、大小さまざまなヤマ場を演出しメリハリをつけましょう。これは、例えば前半、中盤、後半と構成する場合、それぞれに一つずつのヤマ場を設け、さらには、大きなヤマ場を、最後に一つ作ります。

次に、具体的な手法として、声の出し方を下記の3通り意識するだけで、一本調子な話し方を脱出できます。自分の声をボールの固まりと意識してみましょう。

　ⅰ　直接ぶつける
　ⅱ　遠くに投げる
　ⅲ　下に落とす

ⅰの「直接ぶつける」は、大切な情報や本日のセミナーのポイント、これだけは実践してほしいメッセージ性の強い内容の話を、自分の正面から受講者の正面に直線的にしっかりとぶつけます。そうすることによって、反応（レスポンス・話し方のサイクル・R）を肌ですばやく捉えることができます。

ⅱの「遠くに投げる」は、エピソードの導入など、受講者に情景を頭のなかに思い描いてほしい時、未来や将来をイメージ

してほしい時に、後列の受講者の頭上を越えるよう弧を描いて遠くに投げることを意識します。

ⅲの「下に落とす」は、セミナーの流れをスムーズに進めるために必要不可欠な情報やお知らせを話す時に使います。「お手元の資料の3ページをご覧下さい」「ここで休憩にします」など、指示・案内をする時には、声をポトンと自分の下に落とします。決して独り言や小さい声ではなく、はっきりと理解できるように落とします。

これらの工夫を活用することで、講師は一本調子の話し方を脱出し、メリハリのあるセミナーを演出することができ、受講者も受講後の満足感を得ることができるのです。

4 エンディングを印象的に決める

どんなに話し方に長けた講師でも、途中で若干間のびがしたり、一本調子になったりすることがあるものです。長時間のセミナーであれば、それはある程度仕方のないことです。そんな時、セミナーの終盤の最後のまとめで受講者に重要なポイントを繰り返し印象付けることは意義あることです。本節では、受講者の印象に残る締めくくり（エピローグ）について解説します。

最後のまとめはセミナーの要です

セミナーの時間配分で忘れがちなのが、まとめの時間です。まとめの時間は、配分のなかに必ず、盛り込んで下さい。時間

はセミナー全体の長さによりますが、大体5分から10分はとりましょう。まとめの時間の冒頭に「今日は○○についてお話いたしましたが、皆様ご理解いただけましたか」と、切り出します。こうしてセミナーのテーマを再確認するとともに、まとめに入ります。

このとき、今日のテーマをできれば、3つのキーワードに集約します。セミナーが長時間にわたり、前半部分の記憶が薄れている場合もありますので、時間軸に沿ってセミナー内容を振り返っていきます。その際、この3つのキーワードを、できれば板書しながら、受講者のペースをよく観察しつつ、再確認していきます。

また、印象付けたい言葉や内容は、繰り返すことも大切です。キーワードは、受講者の記憶の中心に位置づけられるものです。このキーワードを、3つにまとめる理由は、あまり多くしても受講者の記憶に残らないことと、3つという数字が、物事をまとめるのに効果的な数字で、「色の三原色」「音楽の三要素」「過去、現在、未来」「縦、横、高さ」というふうに多用されており、効果的なのです。

例えばこの3つのキーワードに以下のものがあります。
・目標を達成するための三つの「ん」は「ロマン、ソロバン、ガマン」（高塚猛元福岡ダイエーホークス社長）
・管理職の三つの条件は「エッジ、エナジー、エンパワーメント」（ジャックウェルチ元GE会長）
・人が成功する秘訣の三つは「運、鈍、根」（洪自誠）
・女性が結婚相手に求める三つの高は「高身長、高学歴、高収入」
・接遇マナーの基本の三つは「思いやり、おもてなし、重ん

じる」
・近江商人の商売の三つの秘訣は「売り手よし、買い手よし、世間よし」

こうした3つのキーワードを軸に受講者にセミナー内容を思い起こさせ、鮮明な記憶として残るようにします。あまり欲張

著者がセミナー講師として独り立ちするまで

著者のOL1年生の初出社の日。真新しいスーツに身を包み、最初に会社から指示されたことが、入社式当日に行われたビジネスマナーセミナーへの出席でした。社会人になって初めて出会った先生。それがセミナー講師だったのです。著者は、そのセミナー講師に目が釘付けになってしまいました。

「世のなかに、こんな仕事があるんだ。こんな仕事をしている女性がいるんだ」

元キャビンアテンダントであるその女性は、あこがれのキャリアウーマンとして、光り輝いて見えたのです。

セミナー終了後、行動力と好奇心だけは人一倍強い著者は、早速、講師のところに行ってたずねました。

「私、先生のような仕事がしたいのです。どうすればなれますか？」

著者の迫力に押されながらも、その先生は笑顔で「こういう仕事は、経験が説得力に通じます。あなたは、まだ社会人一年生。この職場の第一日目ですよ。まずは、ここの一員としてしっかりお勤めして下さい。年齢を重ねたほうがむしろ良い仕事ができま

らず、セミナー内容にプライオリティをつけ、大切なものから、3つにまとめ、しっかりと印象づけることが必要です。あれもこれもと盛り込んでも、結局、受講者の記憶には一つも残らないということになりかねません。キーワードにより、受講者の頭のなかが整理され、体系的な情報や知識として吸収されます。

す。ぜひ、そのときに、挑戦してみて下さい」と、答えて下さいました。少し肩透かしを受けた気がしましたが、それもそうだと思い直しました。

それから10年。一生懸命、社会人として働きました。結婚もしました。子育てもしました。そして、二人目を無事出産したときに、あの日の先生の言葉がよみがえったのです。

「よし、今が、第二の人生のスタートだ」

ビジネスマナーを学び、複数の派遣会社に講師登録しました。しかし、なかなかチャンスは来ません。その理由が経験不足であることに気づいた著者は、自分で経験をつくるために自らマナー教室を開講。同時に様々なセミナーに、セミナー講師の手法を学ぶために通いました。一方でボランティア講師としてなら受け入れてもらえたのでそれも必死にこなしました。

そうしてやっと経験を認められ、初めて最初の仕事をもらいました。

そのときによく耳にしたことは、女性講師は、子育てを理由に遠方の仕事や子どもの行事で休む人が多いということでした。まだ仕事の少なかった著者はそれに着目し、遠方でも子どもの事情にも関係なく引き受けました。そのうちに、信用を得てやっと順調に仕事を依頼されるようになりました。

著者のセミナー講師としての自立のときでした。

このように情報や知識がきちんと受講者に受け止めてもらえれば、ただいいっぱなし、聞きっぱなしで漫然とおしゃべりに付き合わされた、という受身の姿勢から、セミナーを受講してメリットがあったという知的満足感を与えることができます。強烈な印象が残るとき、受講者のセミナーに対する満足度も高まります。

　もう一つ大切な点は、受講者に未来への希望をもたせることです。せっかく受講したセミナーです。セミナー受講後、受講者はまた、新たにそれぞれの職場へ、仕事へと戻っていきます。そうした受講者の新たな門出のために、新たな人生がより素晴らしいものになるということを力強く、宣言してあげて下さい。

　確信は、人生を歩むために一番大切な、信念に変わります。新たな人生を開く受講者のためにも、講師が自信をもって強く高らかに、受講者の新たな人生の成功を約束して下さい。

印象に残るエピローグを飾る

　さて、セミナーも終盤です。あなたはどのように、そのエピローグを飾りますか。クラシック演奏会のアンコールを思い出してみて下さい。指揮者がお辞儀をし、拍手喝采の中、一旦退場してから、再び戻ってきて、今度は指揮者を含めコンサートマスターをはじめオーケストラ全員が起立してお辞儀です。これを何回か繰り返し曲の演奏もあり、観客は、「来てよかった」「いいステージだった」と感慨深く会場をあとにするのです。

　講師としてのエピローグは非常に大切なものです。

　「次回もまた、この講師のセミナーを受けて見たい！」――受講者にそう思ってもらうためにも終わり方が大切です。前半緊

張して思うように進まなかった。中盤は変化に乏しく、受講者を退屈させてしまったかな。少し時間配分がうまく行かず、後半あわててしまったなあ。講師は、セミナーの終盤には、さまざまな反省が浮かぶものですが、それはそれとして、最後はきれいに堂々と締めくくりたいものです。最後がきちんと締めくくれれば、セミナー全体の印象も良くなり、受講者に満足感を与えることができます。

「つまらない話をお聞かせしました」
　セミナーの最後に謙遜してこういう発言をする講師がいます。これは絶対に使ってはいけないいい方です。大切な時間を割いて来て下さり、一生懸命話を聞いて下さった受講者に失礼な言葉だと考えるからです。あなたは、このセミナーのために十分な準備をし、それをここだけでしか得られないようなオリジナルな内容にして、効果的に伝えられるよう、パフォーマンスも入念にリハーサルしてきたはずです。そうであれば、堂々とエピローグを飾って下さい。
　つまらない話。もしもそういういい方で自分のセミナーの不出来を、少しでもやわらげようとしているのならば、それは単なる責任逃れです。

「ご静聴いただきましてありがとうございました」
「本日は貴重なお時間、おつきあいいただきまして
ありがとうございました」
「皆様にお目にかかれて光栄でした」
「皆様のご活躍をお祈り申し上げます」

こうしたお礼の言葉とともに、照れずにスマートに姿勢を正し十分な間をとって、締めくくりましょう。そして、深々と感謝の気持ちを持ってお辞儀です。お辞儀が終わり頭を上げてからもう一度ゆっくり笑顔で受講者の顔をみてから、ゆっくりとした足取りで退場です。

第4章

セミナーを成功に導くコンテンツ構築技法

本章ではセミナーのコンテンツ、つまり講師がセミナーで使用する資料の作成方法について解説します。現在、プレゼンテーションについては、その技法が広く浸透しています。

しかしコンテンツ開発技法については、その重要性が指摘されつつも、プレゼンテーションのように広く普及しているとはいえません。プレゼンテーションに関連するテーマの一つとして多少触れられる場合もありますが、セミナーコンテンツの開発に関する技法については非常に少ないと考えます。

仮に「起承転結」に基づくセミナー資料の作成方法を知っていても、それだけでは、しっかりとしたコンテンツを開発することはできません。本章では、一般的な技法を説明するのではなく、著者の経験に基づく具体的なノウハウを以下の視点から解説します。

- セミナーで伝えるメッセージは、どのように決めるのか
- コンテンツの構成は、どのように決めるのか
- 実際にコンテンツを開発する際には、どのようなことに注意すべきか
- コンテンツ開発には、どのようなステップがあるのか
- メッセージを受講者に届けるためには、どのような工夫が必要か

1 セミナーのタイトルを決める前にメッセージを検討する

コンテンツ開発を開始するためには、最初にセミナーのタイトルを決定する必要があると考えがちです。しかしセミナーの

内容に膨らみを持たせるためには、まず講師自身が訴えたいメッセージを検討することから始めます。

伝えたいことがないと始まらない

「セミナー講師をやってみたいんですが……」という相談を受けた際に「テーマとメッセージは決まっていますか?」と尋ねると、考え込んでしまう方を多く見受けます。

セミナー講師になるということは、多くの受講者に、あるテーマについて資料を用意して、話をするということです。そのためには、まず「何を話すのか」「自分が何を伝えたいのか」を考える必要があります。「受講者あってのセミナーなんだから、まず受講者について考えることが重要ではないか?」という意見をいただくこともあります。確かに、コンテンツの開発を進めるには、受講者のことを十分に検討する必要があります。

しかし、もし講師に自信が感じられなかったり、「○×といわれています」「○×のようです」という経験に裏打ちされていない発言が多い場合、受講者にはどう映るでしょうか?

まずは講師自身が自信を持って話すことが最低限必要です。そのため、セミナーで話すこと、すなわちテーマを検討することから始めます。同じ人でもテーマによって異なるかもしれませんが、次のケースのいずれかに該当するはずです。

a. 全くテーマが思いつかない
b. なんとなくテーマは決まっているが、経験に自信がない
c. 経験には自信があるが、まだテーマは決まっていない
d. 自分のノウハウや経験に自信があり、テーマは決まって

いる
e. 著書や論文など、既にコンテンツを持っている
f. 資料の内容や構成も決定しており、コンテンツを作成するだけである

本章では、aのような方に役立つ内容から説明していきますが、他の方々にも役立つ具体的なノウハウも紹介します。

セミナーのタイトルとメッセージを決定する

セミナーのタイトルとは、コンテンツの表紙に記載したり、受講者を募集する際に一行で表現するセミナーの内容です。一方、メッセージとは、講師が受講者に伝えたい具体的な教訓です。

タイトルがどのように決定されるのかについては、実際、様々なケースがあります。依頼を受けた際に既に決定している場合、テーマ案は決定しているがタイトルは講師に任されている場合、講師自身が企画するセミナーなので自由にテーマとタイトルを設定できる場合などです。コンテンツを開発するには、まずタイトルを決定しなければならないと考えがちです。しかしタイトルを決定する前に、ある程度、コンテンツの開発を進め、その上でタイトルを決定するようにします。

コンテンツの開発は、まずメッセージから検討していきます。メッセージは講師自身の言葉で表現することが重要です。そのため、三つのステップで、メッセージを決めていきます。

①列挙する
②構造化する

③絞り込む

①列挙する

　まずは、まさに思いつくままメッセージを挙げていきます。ただし闇雲に挙げるのではなく、まずは自分の履歴書を作成もしくは見直します。この履歴書を横に、自分の経験などを踏まえて、第三者に伝えることができること、つまり自信をもって説明できることや自分の教訓などを挙げていきます。

　またマインドマップ（コラム　P214参照）という技法を使うこともできます。この技法には、使用に当たってのルールがありますが、それにとらわれることなく、連想ゲームのように、思いついた言葉や短いメッセージを挙げていくだけでも十分です。その際、思考を止めないように、大きめの紙に手書きで記します。そして後で言葉の意味を振り返ることができるように、思いつくきっかけとなった言葉と思いついた言葉を線で結んでおきます。

　ただし、このように自分の経験だけを頼りにメッセージを検討すると、偏った内容になったり、古い内容となってしまう危険があります。そのため、どんなに自信があるテーマでも、必ず最新情報を調査し、メッセージの論拠を確認することが必要です。またテーマや既に自分が挙げたメッセージについて調査を行うことで、必ず新たなメッセージが挙がるものです。

　調査を通じてメッセージを膨らませていく場合に注意すべきことは、自分のメッセージすなわち見解を否定する情報や意見を見落とさないようにすることです。誰しも自分の考えを否定する情報を無意識に排除する傾向があるので注意が必要です。どのような意見にも反対意見はつきものなので、反対意見に対して、どのように考えるのかを検討することが、メッセージを

より説得力のあるものにします。

メッセージを列挙する際に、注意すべきは、「自らのメッセージと単なる情報を混同しないようにする」ということです。情報提供は必ず必要となりますが、これはメッセージを補完するためのものであり、決してメッセージではありません。

②構造化する

情報を構造化する方法は幾つか挙げることができますが、コンテンツを開発する場合には、メッセージを次の三つに分類することから始めます。

A. ニーズの確認
B. 課題の提示
C. 解決策の提示

この三つがコンテンツの大きな構成となります。そして、数多くメッセージを挙げることができる場合、上記に分類されたメッセージそれぞれの関係も整理します。なぜ、この三つの構成が良いのか？ 分類されたメッセージをさらに構造化するためには？ といった点については後述しますが、大切なことは単にメッセージを羅列するのではなく、メッセージのつながりをしっかりと意識しながら整理していくことです。

③絞り込む

セミナーの時間が長い場合、陥りやすいのが、時間を埋めるために多くのメッセージを伝えようとし、メッセージが多いため結果として整理できず、結局、何を訴えたいのか分からないセミナーとなってしまうケースです。一方で、核となるメッセ

ージを伝えるために、幾つものメッセージを伝えることが必要となる場合もあります。その場合も、本当にメッセージと呼べるものは限られます。

「A.ニーズの確認」「B.課題の提示」「C.解決策の提示」、それぞれ、2〜3のメッセージとします。それ以上のメッセージは本当に訴える必要があるメッセージではなく、他のメッセージを補完する説明と位置づけるべきです。そうすることにより、受講者が混乱することを避けることができます。

以上のように、セミナーのタイトルを決定する前に、まずセミナーで伝えたいメッセージを検討しますが、メッセージをしっかりと整理することで、セミナーのタイトルも自然と具体化していきます。実際には、セミナー告知のタイミングなどの理由から早期にタイトルを決定する必要がある場合もありますが、可能な限りコンテンツ開発を進めた上でセミナーのタイトルを決定するようにします。

2 コンテンツの構成は常識にとらわれず「流れ」を意識する

セミナーで伝えたいメッセージをコンテンツに落とし込む際に、最も悩むことになる「コンテンツ構成をどのように決めるのか」について説明します。

コンテンツの構成に「絶対」はない

まずは、一般的なコンテンツの構成を確認します。

■表紙
■自己紹介
■セミナーの目的とゴール
■主題(核となるメッセージ)の定義
■主題の構成要素(メッセージの論拠の枠組み)
■構成要素ごとに
　・詳細説明
　・事例
■目的とゴールを踏まえたポイント

　補足しますと、「主題(核となるメッセージ)の定義」とは、主なメッセージを説明するだけでなく、その前提となる事項を確認するということです。

　例えば本書と同じような内容をテーマとしたセミナーの場合、前提となる事項とは、講師が「セミナーとプレゼンテーションや研修が、どのような関係にあると考えているのか」を明確にすることで、セミナーという言葉を定義し、受講者とテーマに関する共通認識を確立することです。

　このようにメッセージの背景にある前提事項を受講者と共有しておかないと、その後、どのような説明をしても講師のメッセージが受講者に届かない恐れがあります。

　次の「主題の構成要素」とは、主題(核となるメッセージ)を説明する本論について、単にその概要を説明するのではなく、メッセージの論拠をどのような枠組みで説明しようとしているかを明確にすることです。

　このような構成は非常に一般的で、否定する人は少ないと考えます。しかし一般的なプレゼンテーションでは「結論が先か？後か？」ということも話題となります。セミナーでは「結論」

がない場合もありますが、「結論」を「核となるメッセージ」と読み替えた場合、「最初に提示するか？　最後に提示するか？」については、プレゼンテーションと同様に検討の余地があります。

つまり、先に挙げた一般的な構成も完全ではないということです。加えて、セミナーによって「テーマは何か」「どのようなメッセージなのか」、さらには「誰が話すのか」「誰に話すのか」「何人に話すのか」「何時間、話すのか」が異なるので、どのセミナーでも使えるベストな構成はないと考えます。

常にストーリーを意識する

セミナーすべてに共通し使えるコンテンツの構成はありませんが、分かりやすく、説得力のあるコンテンツを構築する方法はあります。それは、常にストーリー、つまり「話の流れ」を意識することです。これはセミナーの場合だけでなく、日頃のコミュニケーションや様々な資料作成でも同じです。以下に、どのような流れがあるのかを見てみましょう。

　①情報を伝えるための流れ
　②説明し、理解してもらうための流れ
　③説得し、動いてもらうための流れ

この三つの流れを押さえておくことで、どのようなセミナーにも対応できます。最初に、それぞれの流れが、セミナーに限らず日常のどのような場面で使えるかを見ておきましょう。

「①情報を伝えるための流れ」は、作業の依頼や簡易な報告、シンプルなマニュアルなどに使える流れです。「②説明し、理

解してもらうための流れ」は、レポートや論文、調査の報告、価値の明確な商品に関する企画や提案などに使える流れです。「③説得し、動いてもらうための流れ」は、複雑で、その価値が分かり難い商品もしくはサービスに関する企画や提案、組織改革の告知や新しい取り組みに関する研修などに使える流れです。

①情報を伝えるための流れ

「①情報を伝えるための流れ」を作るためには、次の4つの切り口が考えられます。

・5W1H
・時系列
・手順別
・対象別

「5W1H」について説明は不要と思いますので、以下を列挙するに止めます。

Who：だれが（主体）
What：なにを（対象）
When：いつ（タイミング）
Where：どこで（場所）
Why：なぜ（目的、理由）
How：どのように（手段）

その他「時系列」「手順別」「対象別」についても詳細な説明を割愛しますが、これらを使いこなせていない場合も非常に多

く見受けられます。「時系列」と「手順別」は、その言葉どおりに並べれば良いのですが、時間の幅や手順の細かさといった粗さがバラバラであったり、手順が状況によって分岐する場合に適切に表現できない人も多数見受けられます。

本来、どれも箇条書きで表現すれば十分なのですが、ダラダラと文章にしてしまい、書いているうちに、だんだん「時系列」や「手順別」ではなくなってしまう場合も多いので注意が必要です。また「対象別」も一見簡単そうですが、語るべき対象を漏れなく挙げるのは、なかなか難しいものです。

以上は日常のコミュニケーションやドキュメンテーションでも不可欠な事項ですが、これらがしっかり使えないと、この後の流れを作ることはできません。

②説明し、理解してもらうための流れ

先に説明した「①情報を伝えるための流れ」では、きちんと列挙すれば必要な情報を伝えることができます。しかし目的から説明する必要がある場合や複雑な内容を理解してもらう必要がある場合は、これから説明する流れが必要となります。ポイントは「伝える」だけではなく「理解してもらう」ことが必要だということです。理解してもらうためには、次の三つの流れを考慮する必要があります。

　ⅰ　全体から詳細へ
　ⅱ　因果関係
　ⅲ　網羅性

ⅰ　全体から詳細へ

「全体から詳細へ」というのは、全体像を説明してから順に

詳細を説明していくということです。これに関連して、第2章でロジックツリーについて説明しましたが、実際のコンテンツ開発では上手く活用できない場合もあります。特に講師は「全体から詳細へ」という流れを意識してコンテンツを開発したつもりでも、受講者に伝わっていない場合があります。

その理由として最も多いのは、視覚化できていないためです。視覚化しながらコンテンツ開発を進めなければ、講師自身が最初に決めた構成を維持できなくなることがあります。その結果、初めて話を聞く受講者は、内容を真剣に理解しようとすればするほど、全体像を把握しようとしてしまい、結局、今、何の話をしているのかも分からなくなってしまいます。

このようなことを避けるためには、図4-1の表現が有効です。

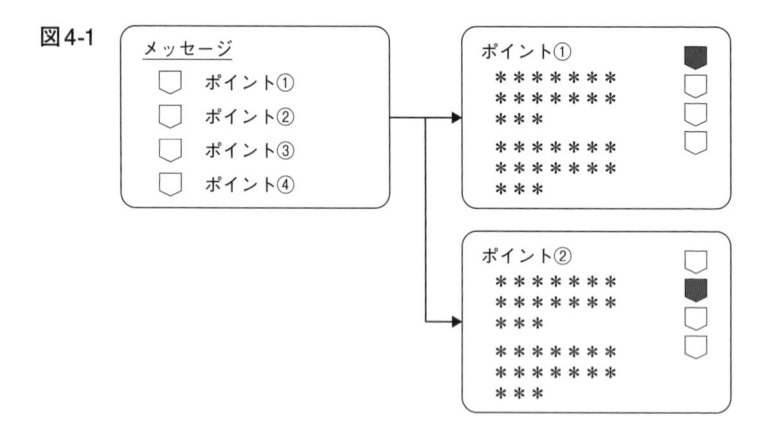

図4-1

```
┌─────────────┐      ┌─────────────┐
│ メッセージ    │      │ ポイント①    ■│
│ □ ポイント① │ ───▶ │ *******    □│
│ □ ポイント② │      │ *******    □│
│ □ ポイント③ │      │ ***          │
│ □ ポイント④ │      │ *******      │
└─────────────┘      │ *******      │
                     │ ***          │
                     └─────────────┘
                     ┌─────────────┐
                     │ ポイント②    □│
                     │ *******    ■│
                     │ *******    □│
              ───▶   │ ***        □│
                     │ *******      │
                     │ *******      │
                     │ ***          │
                     └─────────────┘
```

最初のページで、その後、説明することの全体像を示します。その時、全体像をシンプルに図式化しておきます。次ページ以降で、それぞれ内容を説明する際に、全体像を示した図を、各ページの左上などにアイコンとして記載します。これに

より、話が進んでも全体像と各ページの位置を見失うことを避けることができます。

ii 因果関係

「因果関係」というのは、幾つかの事象の一方が原因で他方が結果であるというつながりのことです。コンテンツの構成、すなわちメッセージの流れを決める際には、このメッセージの因果関係を意識することが重要です。この因果関係に着目し、具体的な事例から一般的な原理・原則を導き出す方法が帰納法です。帰納法はメッセージを論理的に説明していく場合に有効です。

ちなみに演繹法というものもありますが、これは論理的に推論を重ねて結論を導き出す方法で、三段論法が有名です。しかし不特定多数の受講者を対象とするセミナーでは、全員に推論の出発点となる前提を納得してもらうことは難しく、経験に基づく教訓などを伝えるセミナーには不適切な手法です。

iii 網羅性

「網羅性」は、帰納法の欠点を補うものです。講師を含め人間は全知全能ではないので、帰納法の出発点となる事例を完全に網羅することはできません。ですが少しでも網羅性を高めるために、先に説明した5W1Hなどが活用されます。この網羅性を担保しようとする考え方が「MECE」です。これは物事を分解し、漏れなく重複することなく整理する手法ですが、ポイントは切り口を統一することです。ここでは、そのイメージを紹介しておきます。

図4-2 MECEの概念図

白い部分はモレ、濃いグレーの部分はダブリ

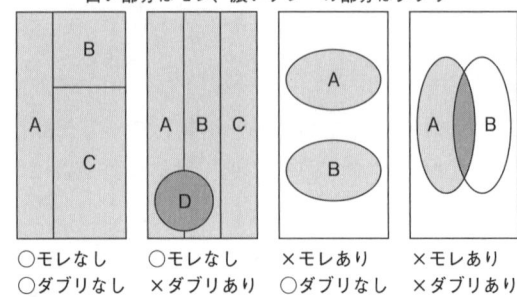

○モレなし　○モレなし　×モレあり　×モレあり
○ダブリなし　×ダブリあり　○ダブリなし　×ダブリあり

太期健三郎『仕事が10倍速くなるビジネス思考が身につく本』61頁（明日香出版、2009年）

　もし「MECE」が上手く使えない場合は、より一般的な「マトリクス」を活用します。マトリクスというのは、縦と横の二つの軸で、ある事柄を説明したものですが、この二つの軸が設定できれば、ある意味、対象を二つの要素で網羅的に表現できているといえます。これをもう一度繰り返せば四つの要素で説明できます。

　例えば、ある商品を説明する場合、「機能」と「価格」という軸を設定し、「機能」を「速度」と「耐久性」に分解し、「価格」を「初期費用」と「維持費用」に分解することができます。

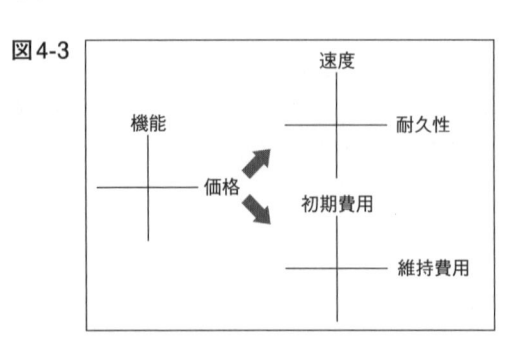

図4-3

これらは、ある商品の属性を完全に網羅しているわけではありません。つまりMECEではありませんが、メッセージとメッセージ、メッセージとその説明の関係を整理し、コンテンツの構成を決定するには十分です。

　では「全体から詳細へ」と「因果関係」「網羅性」を考慮し、メッセージとその説明を箱で表現した上で、それぞれの関係を線で示してみましょう。

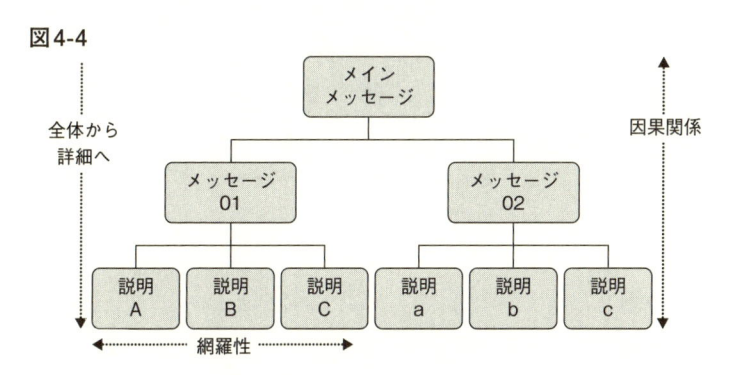

図4-4

```
                    ┌──────────┐
                    │  メイン   │
                    │ メッセージ │
                    └────┬─────┘
           ┌─────────────┴─────────────┐
      ┌────┴────┐                 ┌────┴────┐
      │メッセージ│                 │メッセージ│
      │   01    │                 │   02    │
      └────┬────┘                 └────┬────┘
     ┌────┼────┐                 ┌────┼────┐
   ┌─┴┐ ┌─┴┐ ┌─┴┐             ┌─┴┐ ┌─┴┐ ┌─┴┐
   │説明││説明││説明│           │説明││説明││説明│
   │ A ││ B ││ C │             │ a ││ b ││ c │
   └──┘ └──┘ └──┘             └──┘ └──┘ └──┘
```

全体から詳細へ　　　　　　　　　　　　　　　　因果関係
　　　　　　　←──────── 網羅性 ────────→

　セミナーのコンテンツは、必ずしもこのように構成する必要はありません。しかし、分かりやすく説明する、説得力ある説明とするためには、この構造を必ず意識するようにします。ただし、完璧を期す必要はありません。むしろ完璧にすることはできないと考えます。

　特に網羅性や因果関係については、受講者に「感じてもらう」ことで十分です。実際、受講者は説明の流れを問題にしておりませんし、完璧な網羅性に基づく説明を求めているわけでもありません。ただし、これはコンテンツの構成についてであり、セミナーで紹介する理論の根拠を示す際には、当てはまら

ないので注意が必要です。

③説得し、動いてもらうための流れ

理解してもらうことと、納得し期待する行動をとってもらうことは全く別です。納得し行動してもらうためには、相手にとってのメリットとデメリットを説明することが不可欠です。

しかし「②説明し、理解してもらう流れ」で説明したポイントをどんなにしっかりと守っても、期待する行動を取ってもらえないことがあります。例えば「投資する」などの行動が既に決定している場合には、しっかりと選択肢それぞれのメリットとデメリットを示すことで、選択する、すなわち投資内容を決定してもらうことができます。

しかし投資すること自体を迷っている場合、メリットとデメリットを幾らしっかり説明しても、投資することを決定してもらうことはできません。

その場合は面白い「物語」に共通するストーリー（話の流れ）をセミナーのコンテンツに応用することができます。例えば、人は困難に立ち向かう者に共感する傾向があります。共感した主人公に自分を重ね合わせることで、主人公が果敢な行動を起こした結果、成功すると自分もやれると思い、やってみたくなるものです。面白い映画を観た後の観客は、皆、無意識に主人公のマネをしてしまうものです。この効果を意識して、ストーリーを決めることは非常に有効です。この流れを、セミナー受講者の立場で表現すると、

・願望は何か？
・願望を達成するための障害は何か？
・障害を乗り越えるための決断と行動は？

となります。これは先に説明したメッセージを構造化する方法と同じです。

図4-5　　　　　　　　　　　　　　　　　　　　　メッセージの構造化

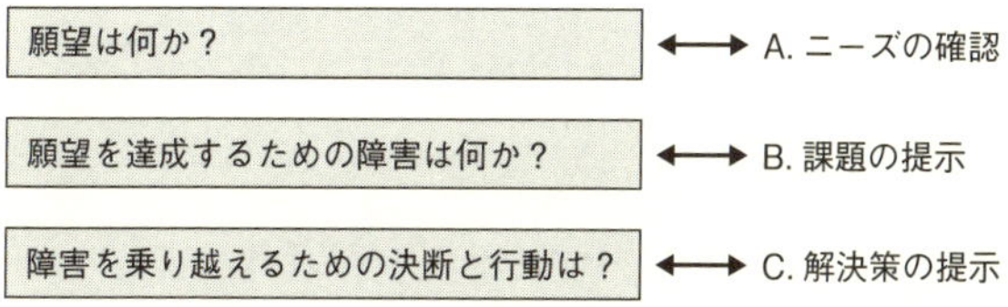

願望は何か？	←→	A. ニーズの確認
願望を達成するための障害は何か？	←→	B. 課題の提示
障害を乗り越えるための決断と行動は？	←→	C. 解決策の提示

3 コンテンツ開発にはルールがある

　これまでは、コンテンツの内容をどのように決めるのか、構成をどのように決めるのかについて説明しました。ここからは、実際にコンテンツを開発する、すなわちセミナー資料を作成する方法について説明します。
　セミナーのコンテンツは、紙媒体などで、じっくり読んでもらうためのものではないので、凝ったデザインにする必要はありません。むしろ凝った表現とせず、シンプルにすべきです。

図4-6 例えば、

> コンテンツ開発にはルールがある
>
> これまでは、コンテンツの内容をどのように決めるのか、構成をどのように決めるのかについて説明しました。
>
> ここからは、実際にコンテンツを開発する、すなわちセミナー資料を作成する方法について説明します。

シンプルにすると、

> コンテンツ開発にはルールがある
>
> これまでは、何を伝えるのか？
> 　　　　　　どのような流れで伝えるのか？
>
> ▼
>
> ここからは、どのように伝えるのか？

　では「シンプルであれば、なんでも良いのか?」というと、そうではありません。シンプルだからこそ、分かりやすく、かつ相手が「あれ?」と思わないようにする必要があります。そのためには、守るべき幾つかのルールがあります。それらのルールは、次の4つに分類できます。

・配置
・色
・形
・文字

配置には力がある

　配置とは、各ページのタイトルや説明文、図形などの位置です。この配置に関しては、意識されないケースが多いようで

す。唯一、意識されていることは、左上から右下へという視線の移動だと考えます。これは使用する言語や文化によって変化するかもしれませんが、現在の日本では、左上から右下へという視線の移動を意識することが基本です。

また図形の形や大きさについては多少意識されても、「図形の位置関係」と「文字の行間」については、ほとんど意識されていません。

同じ形、同じ大きさの箱が並んでいる場合、その位置関係によって、見る人は無意識に、それぞれの箱の関係を想定してしまいます。例えば、次のような場合、距離の近い箱同士は関係が強く、同じグループであると考えてしまいます。

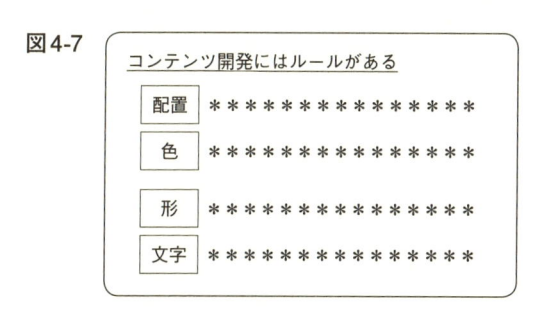

図4-7

```
コンテンツ開発にはルールがある

 配置  ***************
 色    ***************

 形    ***************
 文字  ***************
```

このような極端な例は、意識的に行わない限り、あり得ないと思いますが、箱と箱の距離がバラバラであるケースはよく見受けられます。位置関係に関しては、文字の行間や文と文の関係についても同じことがいえます。例えば、次の例では、文の間のタイトルが単なる一文に見えます。本来は、その次の例のように記載するべきです。

図 4-8　例えば、

```
コンテンツ開発にはルールがある
 AAAの特徴と構成
 AAAは、****************
 *************
 AAAのメリットとデメリットと構成
 AAAは、****************
 ************
```

本来は、

```
コンテンツ開発にはルールがある
 AAAの特徴と構成
  AAAは、****************
  *************
 AAAのメリットとデメリット
  AAAは、****************
  **********
```

また次の二つの例では、それぞれどのように感じるでしょうか？

図 4-9

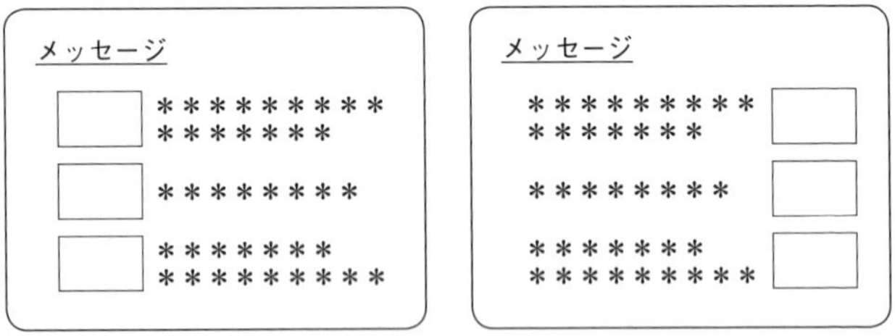

```
メッセージ
 □  *********
    *******
 □  ********
 □  *******
    *********
```

```
メッセージ
 *********  □
 *******
 ********   □
 *******    □
 *********
```

よく見かける左の例では、箱が箇条書きの分類を示し、そのタイトルとなっています。一方、右の例では、箇条書きから導き出される内容や結果などを表現しているように見えます。このように、左から右、上から下という視線の移動は、原因と結果を意識させるものでもあります。

色には意味がある

　パワーポイントのテンプレートが用意されている会社では、自社のイメージカラーを積極的に使ったり、企業への提案書を作成する際には、相手企業のロゴの色を活用する場合もあります。しかし不特定多数を対象とするセミナーの場合は、コンテンツで使用する色をどのように決めるべきでしょうか。

　暖色や寒色という言葉があるように、色に対する人の反応には法則があり、色彩心理学として研究されています。この色彩心理学をセミナーのテーマとする場合は別ですが、あまり意識しすぎると一番大切なコンテンツの構成やメッセージが疎かになりますので、常識的な次のルールを守ることで十分と考えます。

　まずコンテンツの背景などといった全体の基調となる色についてです。コンテンツの内容に信憑性を持たせたい場合には青を基調とします。内容の理解よりも、共感を求め、セミナー後に積極的な行動を起こしてもらうことを狙う場合は、赤を基調とします。青や赤を基調にするといっても、落ち着きがなくなってしまっては困るので、淡い水色やオレンジを基調にすべきです。

　次に図形や線、文字の色に関してです。大切なことは、コンテンツ全体で色の意味を統一することです。例えば最初のページでAという事象を青で示し、Bという事象を赤で示しているのに、次のページで、Aという事象を緑で示し、Bという事象を紫で示した場合は、最初のページのAと次のページのAは、別の事象を示していると無意識に考えてしまいます。ページの単位では事象ごとに色を統一しようとする人でもページを跨ぐと忘れてしまう場合が多いので注意が必要です。

統一することは大切ですが、あまり自分勝手なルールを採用した場合は、読み手を混乱させてしまいます。そのため、次のようなルールを意識すべきです。メリットとデメリットを示す場合、信号になぞらえて、それぞれ青と赤で記します。これは図形の場合も文字の場合も同様ですが、図形の場合、強調されすぎないようにコンテンツ全体の色調と同じで淡い色にします。

　また業務フローや図表などの場合、システム操作など機械的なものは青で示し、手作業など人間的なものは赤で示します。もし、どうしても複数の色を使わないと説明できない場合には、どのような色にすべきかを検討する前に、説明しようとする内容を再検討すべきです。説明すべき内容がしっかりと整理できている場合、そんなに多くの色を使う必要はありません。

　セミナーに参加される方のなかには、色覚障害の方がいらっしゃるかもしれませんので注意が必要です。もしコンテンツ上、赤色で表現した文字や図表を講師が「赤字の箇所のように……」といっても伝わらない可能性があるからです。ちなみに、開発したコンテンツを色覚障害の方々の見え方に変換してくれるツールも存在するので活用できます。

形にも意味がある

　色に意味があることは既にご存知のことと思いますが、コンテンツを開発する際には、形の意味も考慮する必要があります。同じ箱でも、線が太い箱や影のある箱が強調されるということについて説明の必要はないと思います。しかし強調すること以外にも、幾つか考慮すべき点があります。

　角ばった普通の箱は青と同様に機械的な事象に使い、角の丸

まった箱は赤と同様に人間的な事象に使うことで、言葉を用いることなく説明内容を補足することができます。ただし角の丸まった箱はパソコン画面をイメージさせる場合があり、本章でも、そのイメージを採用しています。また箱の線や矢印については、実線を定常的な処理や流れ、点線を暫定的な処理や流れに用いることができます。

図4-10　☐：機械的な事象　　☐：人間的な事象
　　　　───：定常的な流れ　-------：暫定的な流れ

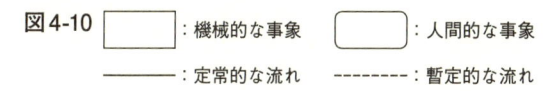

　色と同様に、形もページを跨いで統一することが必要です。ただし意味付けだけを統一するのではなく、本当に同じものを示している場合には、完全に同じ形と色で表現すべきです。例えば説明する内容が異なるため、同じ位置に箱を配置しない場合にも、完全に同じ形と色とすることで、説明を省くことが可能となります。

図4-11

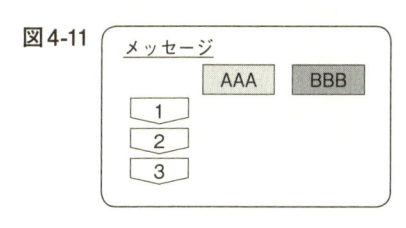

| メッセージ |
| AAA BBB |
| 1 |
| 2 |
| 3 |

| メッセージ |
| 　　*** *** |
| AAA ✓ ✓ |
| BBB ✓ ✓ |

　このように同じ表現とすべきページが続く場合には、意識していなくても同じ形と色を使うことが多くなりますが、間に数ページはさんでいる場合、忘れがちなので注意が必要です。

文字は魔法の呪文である

　論文を書く場合には様々なルールがあります。本を執筆する場合にも色々なルールがありますが、編集者によると「不適切な表現には注意が必要だが、絶対的なルールはない」とのことです。これは細かな記述方法については、どのような書籍にも共通するルールはないということです。

　では「表現に迷った場合、どうすべきか」と質問すると、「その本の中で、文体と単語を統一すれば良い」といわれます。セミナーのコンテンツを開発する場合も同様に、文体と単語は統一し、文章はなるべく短くシンプルにすべきです。そして最もシンプルなのは「単語」です。

　ちなみに、本章では「構成」「ストーリー」「流れ」という単語を使っています。「構成」と他の二つは、多少意味が異なりますが、「ストーリー」と「流れ」は全く同じ意味で使用しています。では、なぜ二つの単語を使用しているのか？というと、使用頻度が多いので同じ単語を使い続けると単調になってしまうことと、メッセージのイメージをより適切に表現できる単語を使用するようにしているためです。

　シンプルなセミナーのコンテンツとするためには、なるべく文章を記載せず、まず単語でメッセージを伝えることができないか検討します。これにより、メッセージの核を視覚的に伝え、その後の講師の言葉に耳を傾けてもらうことができます。

　ただし、すべての説明を単語で表現することは無理ですし、本当に伝えたいメッセージにインパクトがなくなってしまいます。そのため本当に伝えたいメッセージではなく、そのメッセージを補足する説明などは文章で記します。実際、話す内容をすべて暗記することは難しいので、そのような内容こそ、コン

テンツに記載してしまうことで、セミナーをスムーズに実施することができるようになります。

では「なるべくシンプルな表現で統一する」こと以外に注意すべき点は、「文字の大きさ」と「文字と図形の関係」です。

「文字の大きさ」というのは、プロジェクターに映した時に、見やすいように大きなフォントを使う、という話ではなく、「大きなフォントの文字が親で、小さなフォントの文字が、その子ども」という関係を上手く使うということです。これにより、むやみに箱で表現することなく、箇条書きのグループを表現することなどが可能となります。

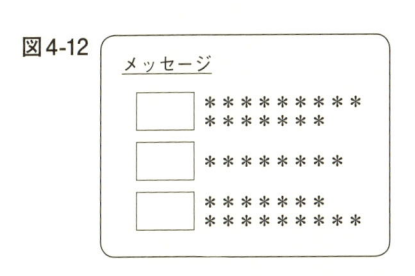

図4-12

「文字と図形の関係」は、図形のなかへの文字の納め方についてです。図形のなかの文字が単語の場合、あまり問題になりませんが、文章の場合、注意が必要です。次の例をみると、左に比べ、右は内容を把握し難いはずです。

図4-13

これは文字の行間が広いからだけでなく、箱の線と文字の間隔が文字の行間よりも狭くなっているためです。これにより、一つの文ではなく、箇条書きにも見えてしまいます。

4 コンテンツ開発には守るべきステップがある

　本節では、実際にコンテンツを開発する場合、どのようなステップを踏めば良いかを見ながら、コンテンツ開発の具体的な方法を確認していきます。

　セミナーのコンテンツには、どのようなケースでも当てはまる完全な構成というものはないことを説明しました。同様にコンテンツ開発のステップについても、誰にでも、どのようなテーマでも当てはまる完全なものはありません。その理由はメッセージや具体的な内容の決定度合、コンテンツ開発に許される期間などが千差万別だからです。しかし既存のコンテンツを流用せずに、一から開発する場合、必要なステップは誰でも、どのようなテーマでも同じです。異なるのは、ステップの順番や各ステップに必要な期間です。どのようなコンテンツの場合でも、これから説明する開発ステップは、必ず実施する必要があると考えます。

(1) 自らを振り返り、テーマを決定する
(2) メッセージとストーリー（構成）を決定する
(3) ドラフトにすべてを盛り込む
(4) 対象者とセミナー条件を再確認する
(5) 内容を徹底的に絞り込む
(6) セルフレビューを行い、完成させる

(1) 自らを振り返り、テーマを決定する

このステップは、次のサブ・ステップから構成されます。
① 説明可能な事項を整理
② セミナー対象者を検討
③ テーマを仮決定

① 説明可能な事項を整理

どのようなテーマでもコンテンツを開発する際には、必ず最新情報を調査すべきです。しかし調査だけに頼り、全く経験のないテーマについて講師を行うことは避けるべきです。セミナーを満足度の高いものとするためには、経験に基づくメッセージが必要となるからです。

ただし一足飛びにテーマやメッセージを決めようとすると、自分のセミナーにも関わらず、どこかで誰かに聞いた話となってしまいがちです。そのため、まずは自らの経験を整理することから始めます。最も客観的に整理できるのは、会社員の場合には転職を、フリーランスの場合には営業活動を想定した履歴書を作成もしくは更新してみることです。

その上で自らの経験を思い返しながら、自分の持っているノウハウなどを挙げていきます。この時のポイントは、ノウハウや知識だけではなく、エピソードを挙げることです。知識などは調査によって補うことができますが、自ら経験したエピソードは調査を行ったからといって増えるものではありません。

しかし「ずっと同じ職務を続けてきたので、あまりエピソードもない」と考えてしまう場合には、この段階で無理に挙げるのではなく、自らの過去を振り返る程度でも十分です。コンテンツ開発を進めながら、自分自身を振り返り続けることで、新

しい視点から新しいエピソードを見つけることができます。

②セミナー対象者を検討

セミナーの対象者については、講師を依頼された時点でテーマが決定していない場合でも、既にある程度想定されているものです。一方、自らが主宰する場合には、当然、セミナー対象者を自ら設定する必要があります。

まずは、ある程度、対象者が想定されている場合について考えてみます。対象者が想定されている場合、大きなテーマや目的も設定されているはずです。これらを参考に、自らのノウハウや知識、経験のなかから興味を持ってもらえるものを探します。

その際、適当なノウハウなどが見つからない場合には、想定されている対象者についてさらに深く考えることで、自らのノウハウや経験を対象者の抱えている課題の対策とできないかを検討します。

一方、対象者を自ら設定する場合について考えてみます。この場合、自信のあるノウハウや知識が、どのような人たちが必要としているのかを検討します。これを最も自信のあるノウハウや知識から順に繰り返します。

次に自らのノウハウや知識を直接必要としていないが、応用することで課題解決の糸口にできそうな人たちを検討します。これも自信のあるノウハウなどから順に繰り返します。これらの検討を通じて、自らのノウハウや知識、経験がさらに対象者の視点から整理できます。

図4-14

1. 最も自信のあるノウハウ
2. 自信のあるノウハウ
3. 少し自信のあるノウハウ

→ 直接必要とする人たちは？

1. 最も自信のあるノウハウ
2. 自信のあるノウハウ
3. 少し自信のあるノウハウ

→ 間接的に課題解決に役立つ人たちは？

　ちなみに対象者を「想定」するのではなく、もっと直接に「知る」ことはできないものでしょうか。実際の受講者は、セミナー会場でしか分かりませんし、受講者が集まる前にコンテンツ開発を始める必要もあります。

　仮に、ある程度、受講者が集まっていても、どのような思いで参加してもらえるのかを事前に確認することは難しいものです。申込書と一緒にアンケートをとることができても、本当の理由を知ることは簡単ではありません。そのためセミナー講師は、受講者をイメージする力が不可欠となります。そして、そのイメージを膨らませるためにも、自らの経験を深く、細かく振り返ることが役立つのです。

③テーマを仮決定

　自分のノウハウや知識、経験したエピソードを整理した後、受講者をイメージし、彼らが抱える課題を想定することで、セミナーのテーマは自然と絞られます。

　ただし、この段階では、あくまでも仮決定とします。当然、大きなテーマを決めることは必要ですが、セミナーのサブタイトルになるような少し細かい内容は、まだ決定しないようにし

ます。具体的なテーマは、この後のステップで検討するセミナーのメッセージを決定した後に再検討します。

テーマを適切に設定するためのポイントは、受講者の立場をイメージし、自分が受講する場合、どのような人から、どのような話を聞きたいのか、を考えることです。

(2) メッセージとストーリー(構成)を決定する

このステップは、次のサブ・ステップから構成されます。
①メッセージを列挙
②調査を実施
③メッセージを構造化
④構成を決定

①メッセージを列挙

先のステップでノウハウと知識、経験は列挙しましたが、まだ「伝えることができそうなこと」が挙げられただけです。ここでは実際に「伝えたいこと」を考えます。

メッセージとは、講師が受講者に伝えたい具体的な教訓などです。ノウハウなどを列挙する場合は単語で表現することもできますが、メッセージは決して単語では表現できません。コンテンツ開発の最終段階でシンプルな文にする必要がありますが、メッセージを列挙する段階では、まず思いつくまま自分の言葉で書き出していきます。

生真面目な方は、自分が洗い出したノウハウや知識、経験それぞれに対して均一にメッセージを挙げようとしたり、経験などとの関係をしっかりと整理しようとしてしまいがちです。しかし、まずは列挙した自分の経験などを眺めながら、手当たり

次第に挙げていきます。

また、コンテンツ開発を始める前から教訓として意識していたことしかメッセージにしてはならないと考えてしまいがちですが、このコンテンツ開発を通じて、新たに気づいた教訓もぜひ加えて下さい。むしろ、この作業を通じて強く意識されたことが、受講者に対して、しっかりと伝わるメッセージになります。

②調査を実施

自分のノウハウや知識を眺めながら、メッセージを自分の言葉にしようとした時に、ノウハウの不足や知識の陳腐化に気がつく場合もあります。また自信のあるノウハウや知識も既に最新ではない場合や偏った理解に基づく場合もあります。

そのため自分のノウハウや知識、伝えようと考えているメッセージに関する情報を収集し、再確認する必要があります。当然、この作業を通じてメッセージが見直されたり、新しいメッセージが挙げられる場合もあります。

どの程度、調査に時間をかけることができるかは、セミナー開催までの期間などによりますが、全体の準備スケジュールを考慮し、調査にかける期間を事前に設定することが必要です。その理由は調査を開始するとコンテンツを開発するための調査のはずが、調査していることに満足してしまい、気づかぬうちに「調査のための調査」となり、調査を終了できなくなってしまう場合があるからです。

そして、この調査が終了した後は日常生活のなかで関連する情報に触れた場合などを除き、新たな調査を行わないようにします。せっかく構成を決定しコンテンツの開発を進めても、新しい情報が多く加わると構成から見直すことが必要となってし

まう可能性があるためです。

③メッセージを構造化

　調査を通じて、伝えたいメッセージも核となるものと他のメッセージを補足するものとに徐々に識別されるようになります。ただし、この段階では、まだ幾つものメッセージが混沌としている状態です。このままメッセージを説明しても、なかなか受講者には伝わりません。

　そのため、メッセージを構造化、すなわち整理する必要があります。構造化の方法については既に説明していますが、ポイントは一般的な構成にとらわれることなく、まずはストーリーすなわち「話の流れ」を意識するということです。すでに説明したように「話の流れ」には、次の三つがあります。

　①情報を伝えるための流れ
　②説明し、理解してもらうための流れ
　③説得し、動いてもらうための流れ

　まずは自らのメッセージを受講者に伝えるということが、上記のいずれであるのかを識別します。ただし、この識別ができない場合は、伝えたいメッセージを以下に分類することで確認できます。

　A. ニーズの確認
　B. 課題の提示
　C. 解決策の提示

　自らのメッセージのほとんどが、上記A〜Cのいずれにも

当てはまらない場合、「①情報を伝えるための流れ」であると考えられます。また「C.解決策の提示」が多い場合、「②説明し、理解してもらうための流れ」であり、「B.課題の提示」が多い場合、「③説得し、動いてもらうための流れ」であると考えられます。

逆に講師としてセミナーをどの流れとしたいかが明確な場合には、既に候補として挙がっているメッセージをA～Cの三つに分類し、その比重を確認し、必要に応じてメッセージを追加します。例えば、受講者に対して「○×すべきだ」という思いを伝えたいのに、「なぜ○×しなければならないのか？」を伝えるメッセージが明確になっていない場合には、これを自らの言葉で表現することが必要となります。

一方、あまり多くのメッセージを一つのセミナーに盛り込んでしまうと、どんなに上手く構造化しても受講者は混乱してしまいます。ですので、選択した「話の流れ」を踏まえて、不要なメッセージを諦めることも必要となります。何よりも大切なことは、これらの作業を通じて、自らが本当に伝えたいメッセージを講師自身がしっかりと意識するということです。

④構成を決定

「話の流れ」が決まり、伝えたいメッセージも明確になりましたが、具体的なコンテンツの構成は、どのように決定するのでしょうか。この段階では奇をてらわずに一般的な構成に、自らのメッセージを当てはめてみます。

一般的な構成では「表紙」と「自己紹介」に続き、「セミナーの目的とゴール」を説明しますが、これは「A.ニーズの確認」に含まれるメッセージを伝えることになります。次に「主題（核となるメッセージ）の定義」となりますが、これは「B.課題

の提示」に含まれるメッセージを伝えます。後の本論は「C.解決策の提示」に含まれるメッセージをしっかりと伝えます。

図4-15

一般的な構成		メッセージ構造化の分類
■セミナーの目的とゴール	⇔	A. ニーズの確認
■主題(メッセージ)の定義	⇔	B. 課題の提示
■主題の構成要素(メッセージの論拠) ■構成要素ごとに、詳細説明と事例紹介	⇔	C. 解決策の提示

この段階では、まず基本に忠実な構成を検討すべきです。そしてドラフトを作成した後、独自の構成にする必要があるかを検討するようにします。

(3) ドラフトにすべてを盛り込む

このステップは、次のサブ・ステップから構成されます。
①手書きでメッセージの説明を検討
②すべての内容を盛り込んだドラフトを作成

①手書きでメッセージの説明を検討

実際にコンテンツ開発を始めますが、最初のポイントは「すぐにパソコンに向かって作業を始めない」ということです。セミナーで実際にプロジェクターに映し出すコンテンツそのものを、はじめから作成してしまいたくなるものです。しかし、ここが我慢のしどころです。すぐにパソコンに向かって、実際にセミナーで使用するコンテンツの開発を始めてしまうと、どうしても内容が膨らまず、見直しも難しくなってしまうからです。

手書きで、主なメッセージの具体的な内容から作成してい

きます。まずは各メッセージを図表で説明できないか検討します。次にメッセージや説明を数行の文章で説明してみます。その後、この文章が1枚で表現できる内容かどうかを検討します。もし複数のページが必要な場合、どのように分割するか検討します。

そして各ページで説明すべきことを箇条書きで示します。最後に、これらの箇条書きを説明する内容を確認します。この説明内容が調査結果などの場合、参照情報を付記しておくことにとどめます。

図4-16　手書きで行うコンテンツ内容検討

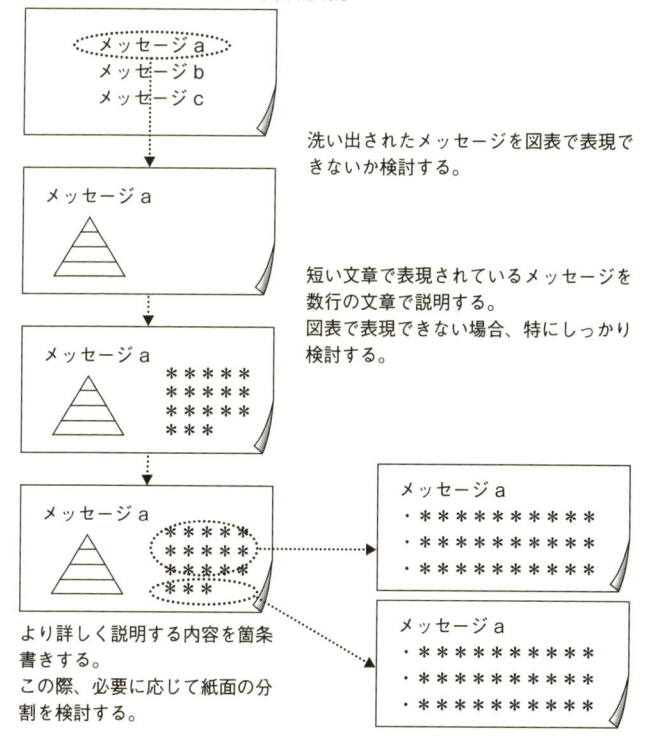

洗い出されたメッセージを図表で表現できないか検討する。

短い文章で表現されているメッセージを数行の文章で説明する。
図表で表現できない場合、特にしっかり検討する。

より詳しく説明する内容を箇条書きする。
この際、必要に応じて紙面の分割を検討する。

②すべての内容を盛り込んだドラフトを作成

ここからパソコンでの作業を開始します。ポイントは「ドラフトは、読んでもらうことで内容を伝えることができる資料を目指す」ということです。あくまでもドラフトなので、凝ったデザインにしたり、完成度を高める必要はありません。

しかし、これまでに調査した内容をすべて盛り込むことで、後半のコンテンツ開発ステップで無駄なく、必要な内容を確実に伝達できるようになります。

まずはメッセージを各ページのタイトルとして、そのタイトルの下に1行、2行でタイトルを補足するそのページの概要を記します。その上で各ページの内容を図表で記すか、箇条書きにします。この作業に関する一つ目のポイントは、最終的にはプロジェクターで映し出す資料を作成することになるので、1ページに含める内容は絞り込むことです。

二つ目のポイントは、セミナーではコンテンツを読み上げるのではなく、コンテンツでイメージやキーワードを示しながら話すことが必要となるので、図表や箇条書きを中心に作成しておくことです。

最後に図表に説明を追記したり、箇条書きの参照情報を付記します。そして、その具体的な内容を別ページに記載します。ただし、この詳細な内容は基本的にプロジェクターに映さないので、フォーマットにはこだわらないようにします。ちなみに実際にプロジェクターに映し出すべき資料への変換については、後半のステップで説明します。

図4-17

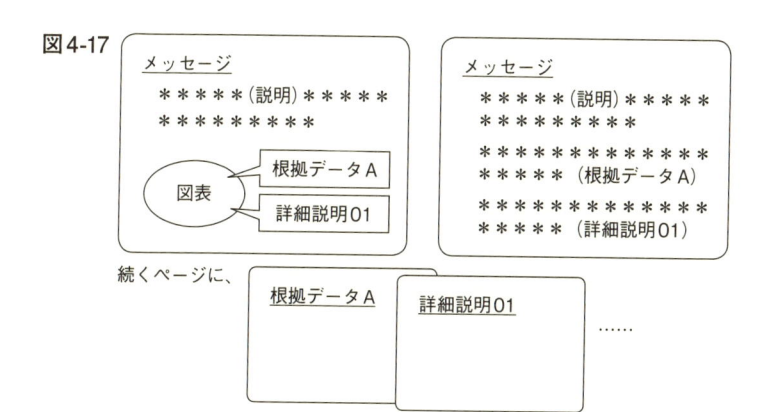

```
メッセージ
＊＊＊＊＊(説明)＊＊＊＊＊
＊＊＊＊＊＊＊＊＊

      ┌──────────┐
 ┌──┐ │ 根拠データA │
 │図表│ ├──────────┤
 └──┘ │ 詳細説明01  │
      └──────────┘
```

```
メッセージ
＊＊＊＊＊(説明)＊＊＊＊＊
＊＊＊＊＊＊＊＊＊
＊＊＊＊＊＊＊＊＊＊＊＊＊
＊＊＊＊＊(根拠データA)
＊＊＊＊＊＊＊＊＊＊＊＊＊
＊＊＊＊＊(詳細説明01)
```

続くページに、

| 根拠データA | 詳細説明01 | …… |

　分かりやすいコンテンツとするために、この段階で注意すべき点は、記載しようとしている内容が自らのメッセージそのものなのか、他のメッセージを補足する説明なのか、メッセージの根拠を示す情報なのかを意識しておくことです。

（4）対象者とセミナー条件を再確認する

このステップは、次のサブ・ステップから構成されます。
①対象者のイメージを具体化
②セミナーの条件を再確認
③ストーリー（構成）を再検討

①対象者のイメージを具体化

　セミナー対象者については、コンテンツ開発の最初のステップとして「どのようなテーマについて興味ある人たちであるのか」を検討しました。しかし、この段階では、まだ興味の対象を想定しただけで、どのような知識や経験を有する何歳くらいの方々が、どのような状況に置かれており、どのようなことに

悩んでいるのか、などについてはイメージしていません。

　自分がセミナーで伝えることができる内容は前ステップでドラフトに落とし込みましたが、すべての内容を伝える必要があるのか、逆に暗黙のうちに前提としていた対象者の知識や経験が想定される対象者と合致していないのではないか、という点を確認する必要があります。そのため、このステップで、しっかりと対象者をイメージします。対象者が複数想定される場合もありますが、その場合も中心となる対象者は絞られるはずです。絞ることができない場合、メッセージの検討が十分ではないことが原因です。

　またテーマや募集方法によっては、多彩な対象者が想定されることもありますが、その場合は講師自身が対象としたい受講者を決めます。そして、その対象としたい受講者について、あらかじめ具体的にイメージしておくことが必要です。その理由は、実際のセミナーで講師の話を受講者に届けるために、受講者が集中できているか、話を理解できているかを把握しながら進める必要があるからです。

　実際に会場に入ると様々な受講者がいて、すべての受講者の状況を把握することは不可能であることが分かります。そのためコンテンツ開発段階でイメージしていた受講者に似た人を会場で見つけて、その人に語りかけるつもりで話をすることで、落ち着いてセミナーを進めることができます。結果、受講者全員にしっかりと講師の話が届くこととなります。

②セミナーの条件を再確認

　コンテンツ開発を始める段階では、所要時間や想定人数、会場などは決まっていることも多いと思います。これまでのステップでは、これらの条件について触れませんでした。その理由

は、まずはコンテンツ自体をしっかり準備できるようにするためです。

例えば、はじめから所要時間を意識し、もし短いと感じた場合、結果的に十分なコンテンツ量を用意できない可能性もあります。また想定人数が経験を大きく上まわる場合、コンテンツそのものに目がいかなくなってしまったり、逆に想定人数が少ないと感じた場合、コンテンツの品質が向上しない可能性もあります。

しかし自分がセミナーで伝えることのできる内容が整理できた段階では、セミナーの条件をしっかりと確認する必要があります。セミナー条件には、少なくとも所要時間と想定人数、会場があります。

「所要時間」については、講師として経験を積むとドラフト1ページあたりの時間を想定することができるようになります。しかし経験が少ない場合には、リハーサルを行ってみることで所要時間が確認できます。

次の「想定人数」は、受講者に参加してもらう演習などを用意している場合、セミナー全体の所要時間に影響します。当然、人数が多い方が時間がかかります。また質疑応答の時間を設ける場合にもセミナー全体の所要時間に影響します。質疑応答については、受講者が多いと、より長い時間が必要になると思われますが、人数が多くなると逆に積極的に講師から質問を求めない限り、質問が挙がらなくなりますので注意が必要です。

最後の「場所」については、演壇が高い場合と演壇がなく受講者の間に講師が歩み出ることができる場合とによって構成を変える必要があります。演壇が高く、受講者との距離がある場合は、会場の一体感を作り出すことや途中で受講者の集中力が

切れないようにすることを目的としたパートを意識的に設ける必要があります。

一方、演壇がない場合は、講師が受講生の間を移動したり、アイコンタクトが容易になるため、事前に集中力を高めるためのパートを設ける必要性は低くなります。

もしドラフトの内容では、所要時間に満たない場合、次の対応が可能か検討します。

・自らの経験談や事例などの説明を膨らませることは可能か？
・質疑応答の時間を設ける、延長することは可能か？
・所要時間を短縮することは可能か？

ただし、この段階で所要時間を延長するためだけに、新しいメッセージを追加し、構成を変更することは避けるべきです。

③ストーリー（構成）を再検討

対象者の具体的なイメージとセミナーの条件を基に、コンテンツの構成を見直します。この段階では、既に一般的な構成を基本とし、セミナーの目的に応じた説明の流れはできています。今度はセオリーに縛られることなく、セミナー条件のなかに身を置く対象者のイメージを膨らませ、受講者の立場でコンテンツを確認していきます。

すると論理的な展開に矛盾がない場合でも、何か心に引っかかる個所があるものです。また純粋にワクワクしない、全体が一本調子で内容が頭に入ってこないという場合もあります。このような受講者の視点で気づく問題点を踏まえ、構成を最終化します。

この作業を行う場合の注意点は、細かな問題点を一つひとつ修正していくのではなく、各ページにメモを付記する程度とし、全体の構成を並べ直す程度にとどめます。その理由は、この後の作業でドラフトを大きく修正する必要が生じるためです。

(5) 内容を徹底的に絞り込む

このステップは、次のサブ・ステップから構成されます。
①メッセージを絞り込む
②説明内容を絞り込む
③記述方法を絞り込む

①メッセージを絞り込む

所要時間が不足している場合に限らず陥りがちなのが、少しでも多くのことを受講者に伝えようとして、結果、焦点がぼやけてしまうことです。当然セミナーの時間が長い場合、話すべき内容も増やさざるを得ませんが、注意すべきことはむやみにメッセージを増やさないことです。

これまでのステップでメッセージを明確にし、このメッセージをどのような流れで説明していくかを考えながらコンテンツの構成を決定してきました。しかし、この段階で再度、メッセージに無駄がないか検討します。ただし、メッセージを削除する場合はコンテンツの構成を崩さないように、内容自体は前後のメッセージの説明として残すことができる場合に限ります。

受講者にとって有益な情報を提供することもセミナーの目的の一つです。しかし、分かりやすいセミナーはメッセージが絞り込まれているため、そのメッセージが受講者にしっかりと伝

わるものです。そのためには、不要なメッセージは極力排除し、本当に伝えたいメッセージに絞り込むことが不可欠です。

②説明内容を絞り込む

セミナーでは、通常、次に三つのコンテンツを用意します。

【A】プロジェクターなどに映し出すコンテンツ
【B】受講者に配布する資料
【C】講師の説明内容を記載した台本

ドラフトを作成する段階では、調査結果を含め説明できる内容をすべて盛り込みました。それを、この段階で上記の三つのコンテンツに分解していきます。

まずドラフトから口頭で説明すべき内容を【C】台本に切り出します。これが必要となる理由は、セミナーのコンテンツは受講者に読んでもらうためのものではなく、あくまでも講義のため補助ツールであり、可能な限りシンプルにするべきものだからです。細かな内容をプロジェクターで映し出しても受講者が読むことはできないので、大きな文字で表現する必要もありますが、講師の話に集中してもらうためにこそコンテンツをシンプルにする必要があります。

【C】台本の作成方法は講師により様々ですが、プレゼンテーション用ソフトを使用し、無駄な作業を省きたい場合には、対象をどんどん切り取り、画面下部のノート欄に貼り付けていきます。

図4-18　パソコン画面

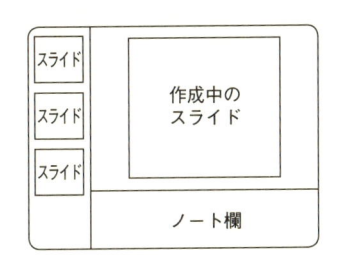

```
┌─────┐┌──────────┐
│スライド││          │
├─────┤│  作成中の  │
│スライド││  スライド  │
├─────┤│          │
│スライド││          │
└─────┘├──────────┤
        │   ノート欄   │
        └──────────┘
```

　このように【C】台本を別のファイルにしないことで、【A】コンテンツと【B】配布資料を更新しながら【C】台本を更新することが容易になります。このノート欄は受講者の目に触れることはなく、当日もアドリブにより割愛される場合も多いですが、セミナー直前まで手が加えられることになります。

　この時、注意すべきことは、講師が話す内容をセリフのように一言一句書き出さないようにします。暗記してでも絶対に伝えたいキー・フレーズはしっかり記載しておいても良いですが、他の内容は箇条書き程度にとどめます。何故なら、すべてを暗記することは難しいですし、仮に暗記することができても、セミナー当日、何かの拍子で思い出せない場合、混乱することになります。そのため、あくまでも伝えたい内容を列挙し、当日、自分の言葉で話しかけるようにします。

　次に絞り込まれたドラフトを、ページ単位で【A】コンテンツと【B】配布資料に分割します。もしくは【A】コンテンツには要約のみ記述し、【B】配布資料には詳細を記述するようにします。ただし別々のファイルに分割するのは【B】配布資料を印刷する時です。それまでは、各ページに【A】と【B】などのマークを記載し、それぞれのページがプロジェクターに映すページなのか、配布するページなのか識別できるようにし

ておきます。これにより、【A】と【B】両方を並行して更新することが容易になります。この時、注意すべきことは、メッセージそのものを説明するページについては無理に分割せず、まずは調査データや事例などを分割するようにします。

　【B】配布資料を用意する理由として、よく挙げられるのは、プロジェクターで映し出された【A】コンテンツが読めない場合に手元の資料を見ていただく、もしくは演習などのため必要になるというものです。しかし演習などのために必要ならば、そのタイミングで必要な情報のみを記載した資料を配布する方が効果的です。またセミナーのコンテンツは、本来、会場の広さなどを考慮し、プロジェクターで映し出しても十分に読み取れるようにすべきです。

　そのため、プロジェクターに映し出す内容をセミナーの開始前に、そのまま配布するのは避けるべきです。現在は大手企業の会議でもプロジェクターにスライドを映し、資料を配布しない場合が増えています。花王の尾崎社長も次のように述べています。

　『これは、出席者の意識を一点に集中させるためだ。分厚い資料を配ると出席者が別々のページを読んでしまうため、意識が分散してしまう。参加者全員が意識を集中させて徹底的に議論すれば、「よしやろう」「これは、ダメ」と、その場で結論を出すことができる』

（『プレジデント　2009年6月1日号』46頁　プレジデント社、2009年)

　しかし、セミナー終了後などに資料を配布することは有効です。それは、後日、受講者が利用できる情報を提供し、受講者がセミナー資料を保持してくれることで、セミナーや講師を思

い出すきっかけとなるからです。これにより、新しいセミナーの依頼などにつながることが期待できます。

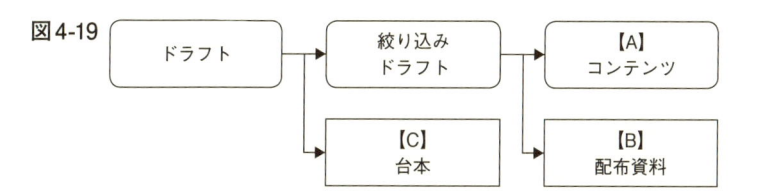

図4-19

```
ドラフト → 絞り込み   →  【A】
          ドラフト      コンテンツ
       ↓
       【C】        →  【B】
       台本            配布資料
```

③記述方法を絞り込む

最後に【A】コンテンツと【B】配布資料を完成させます。そのためには、先に説明したコンテンツ開発のルールに従い、配置、色、形、文字を整えます。これによりコンテンツ全体での記述方法を統一し、受講者がコンテンツを目にした際に「あれ?」と思うことがないようにします。

この時、【A】コンテンツについては、躊躇せずページを増やします。ただし新しい内容を追加するのではなく、1ページに記載している内容を複数ページに分割します。このようにページを増やす理由は、講義のため補助ツールとして、1ページの内容をなるべくシンプルにし、スムーズに話を進めることができるようにするためです。

(6) セルフレビューを行い、完成させる

このステップは、次のサブ・ステップから構成されます。
① ロジックに穴がないか
②「おっ!」と思ってもらえるか

①ロジックに穴がないか

　ここまで、伝えるべきメッセージの流れをコンテンツの構成とし、受講者のイメージやセミナーの制約条件を踏まえ、極力シンプルなコンテンツを開発してきました。しかし開発を進めるうちに、講師が内容や構成を記憶してしまい、いつの間にか初めてコンテンツを目にする人にとっては、分かり難いものとなっている可能性があります。そのため、もう一度、ロジックつまり内容が論理的か、内容が途中で飛躍していないか、などを確認する必要があります。

　方法としては、コンテンツ開発後、時間を空けてから確認する、もしくは第三者に確認してもらう方法があります。時間を空けてから確認する方法は、時間に余裕がない場合、実施することが難しく、第三者に確認してもらう方法は、第三者がセミナーの受講者と全く異なる知識レベルである場合には効果が限られます。

　そのためコンテンツの詳細は無視し、説明内容を紙に模式化することで全体構成を確認しながら、ロジックに問題がないか確認します。模式化するというのは、各ページで説明している内容がお互いにどのような関係にあるかを図式化してみるということです。これはコンテンツの開発を始める段階でメッセージの構造化を行いましたが、これを出来上がったコンテンツに対して、再度、行ってみるということです。以上を、参考までに本章に対して行ってみます。

図4-20　本章のメッセージ構成

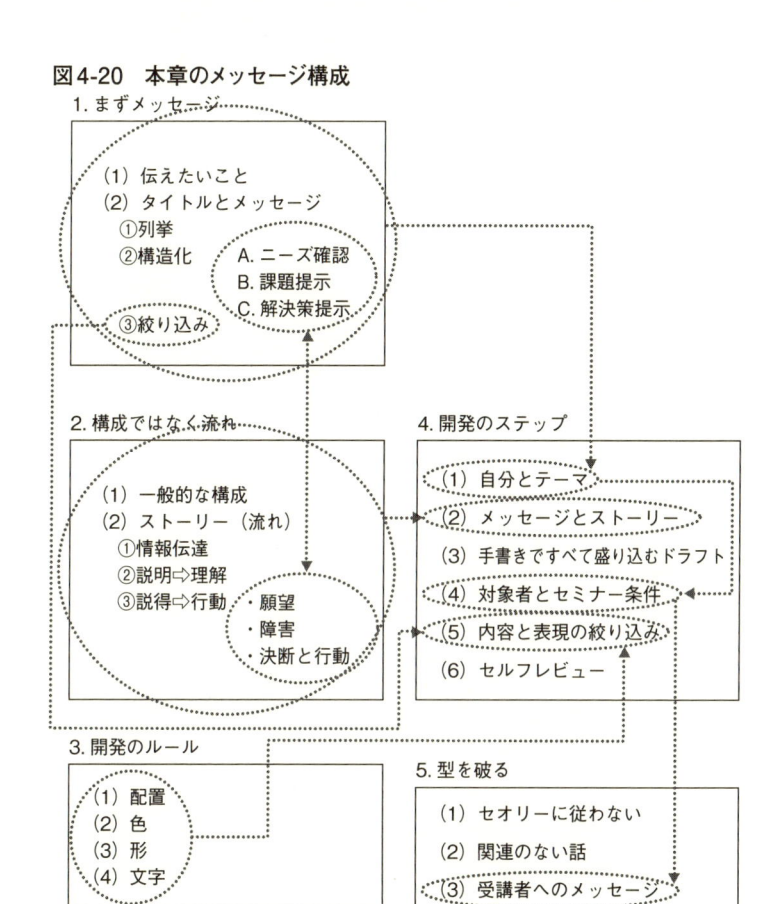

1. まずメッセージ
   - (1) 伝えたいこと
   - (2) タイトルとメッセージ
     - ①列挙
     - ②構造化
       - A. ニーズ確認
       - B. 課題提示
       - C. 解決策提示
     - ③絞り込み

2. 構成ではなく流れ
   - (1) 一般的な構成
   - (2) ストーリー（流れ）
     - ①情報伝達
     - ②説明⇨理解
     - ③説得⇨行動
       - ・願望
       - ・障害
       - ・決断と行動

3. 開発のルール
   - (1) 配置
   - (2) 色
   - (3) 形
   - (4) 文字

4. 開発のステップ
   - (1) 自分とテーマ
   - (2) メッセージとストーリー
   - (3) 手書きですべて盛り込むドラフト
   - (4) 対象者とセミナー条件
   - (5) 内容と表現の絞り込み
   - (6) セルフレビュー

5. 型を破る
   - (1) セオリーに従わない
   - (2) 関連のない話
   - (3) 受講者へのメッセージ

　しかし、このような時間もない場合には、プリントアウトして並べてみるだけでもコンテンツを俯瞰することができます。住友信託銀行の高橋会長も次のように述べています。

　『一度プリントアウトすると、書き手から読み手への視点が変わる。書き手のときは言葉を並べることに意識を奪われ、「木」を見て「森」を見ずになりがちだ。そこで読み手の視点

から森を俯瞰することで余分な木を排除し、木と木のつながり方を正し、簡潔明瞭で論旨明快な文章に仕上げていく』

(『プレジデント 2009年6月1号』26頁プレジデント社、2009年.)

② 「おっ!」と思ってもらえるか

受講者を募集する段階ではタイトルに対して、セミナーが実際に始まった後ではアジェンダや最初のメッセージに対して、セミナーの最後ではまとめや最後のメッセージに対して、受講者に「おっ」と思ってもらうことが必要です。当然、セミナーの途中で伝える核となるメッセージに対しても同様です。

「おっ」と思ってもらうためには、「他のセミナーとは何か違うぞ」や「このメッセージの視点は斬新だ」と感じてもらうことが必要です。当然、メッセージ自体が新しい考え方や情報に基づくことが望ましいですが、あるテーマに関する基本的な内容を伝えることが目的の場合は、伝え方を工夫する必要があります。

その方法の一つとして、メッセージの表現をコピーライターになったつもりで十分に検討することです。「○×の準備」といった単に説明する内容を示しただけでは、メッセージとならないので注意が必要です。先に説明したように各ページのタイトルを自分自身のメッセージとすることで、このようなことは、ある程度、避けることができますが、そのメッセージもストレートに表現するのではなく、受講者が「え! どういうこと?」と思ってもらえるようにすることが必要です。もし、このような文章が思いつかない場合には、メッセージのキーになる言葉を、通常、ビジネスでは使用しない言葉に変えてみるだけでもインパクトのある表現となります。

例えば、本書でも「(5)　内容を徹底的に絞り込む」というような表現を使用していますが、記述内容に従う場合、「(5)　コンテンツを完成させる」という表現になります。
　しかし、これでは読者に興味をもっていただけません。そのため、どのように完成させるのか、著者が特に留意する点を前面に出した表現としています。間違っても「○×について」というタイトルは避けるべきです。

〈コンテンツ開発ステップ〉
　(1)　自らを振り返りテーマを決定する
　　①説明可能な事項を整理
　　②セミナー対象者を検討
　　③テーマを仮決定

　(2)　メッセージとストーリー（構成）を決定する
　　①メッセージを列挙
　　②調査を実施
　　③メッセージを構造化
　　④構成を決定

　(3)　ドラフトにすべてを盛り込む
　　①手書きでメッセージの説明を検討
　　②すべての内容を盛り込んだドラフトを作成

　(4)　対象者とセミナー条件を再確認する
　　①対象者のイメージを具体化
　　②セミナーの条件を再確認
　　③ストーリー（構成）を再検討

(5) 内容を徹底的に絞り込む
　①メッセージを絞り込む
　②説明内容を絞り込む
　③記述方法を絞り込む

(6) セルフレビューを行い完成させる
　①ロジックに穴がないか
　②「おっ!」と思ってもらえるか

5 受講者を想い、型を破る

　以上、分かりやすく内容を伝え、納得してもらい、その気になってもらえるコンテンツの開発方法について説明してきました。ですが世のなかでは、多くのセミナーが開催されており、自分なりの特徴を出さなければ、決して心に残るセミナーとはなりません。そのため最後に、「心に残る」をキーワードとしたコンテンツ開発のポイントを説明します。

あえてセオリーに従わない

　既に一般的なコンテンツ構成をご紹介しましたが、実際、多くのセミナーが同じような構成で開催されています。確かに具体的な内容に関しては千差万別ですが、全体的な構成は、よく見ると、どれも同じです。

　最初に自己紹介とセミナーの目的から始める一般的な構成であっても、巧みな話術や独特の雰囲気で強い印象を残すことができます。しかし個人のパーソナリティーや経験に依存します

ので、まずは講師としての力量に頼らずに、コンテンツそのものが心に残るようにすることが必要です。

講師の話し方などについては、第3章で説明しましたが、心に残るセミナーとするためには、まずは他のセミナーとの違いを感じてもらうことが必要です。そこで、あえて自己紹介やセミナーの目的、構成、概要などを説明する前に、いきなり具体的な事例から話を始めることで、受講者に「このセミナーは他とはちょっと違うぞ」と感じてもらい、集中力を高めてもらうことが期待できます。

一般的な構成であっても、セミナーの開始時に概要や構成をすべて説明しないことで、受講者の興味を維持することが期待できます。

逆に、途中、急に思い出したようにセミナーの目的やゴールを振り返ってみたり、前半で説明した事例を他の切り口から再度説明することでも同様の効果が期待できます。

しかし、思いつきだけでセオリーから外れた手法をとると、受講者を混乱させるだけとなります。このようなことを避けるためには、しっかりと受講者のことを考え、自分のテーマが受講者にとって、どのようなものであるかを想像することが不可欠です。これにより、初めて一般的ではない構成の効果が発揮できます。

セミナーのテーマと受講者の関係を考えてみると、次のようなケースが挙げられます。

・未経験のテーマで、基本知識やノウハウを吸収したい
・経験のあるテーマだが、常に最新の情報を収集する必要がある
・内容よりも、新たな挑戦に向けて背中を押してほしい

「未経験のテーマで、基本知識やノウハウを吸収したい」と想定される場合には、なるべく一般的な構成とすべきです。受講者にテーマに関する知識がない場合、一般的ではない構成にすると内容を追うことが難しくなってしまうからです。

また「経験のあるテーマだが、常に最新の情報を収集する必要がある」場合には、類似のセミナーに多く参加していることが想定されます。そのため、メッセージや提供する情報が斬新なものであるかがポイントとなります。しかし目新しい情報がなく、受講者の経験や知識を体系的に整理する内容の場合には、セオリーから外れた構成とすることで、テーマに関して経験ある受講者にとっても印象深いセミナーとなります。

「内容よりも、新たな挑戦に向けて背中を押してほしい」と想定する場合には、構成は一般的であっても受講者にとっての課題をしっかりと共有し、その解決策を提示していることを最初に強調することが効果的です。

表4-1

受講者の想定要望 \ テーマの特性	普通のテーマ	斬新なテーマ
未経験のテーマで、基本知識やノウハウを吸収したい	一般的な構成	
経験のあるテーマだが、常に最新の情報を収集する必要がある	セオリーに従わない構成	一般的な構成 / セオリーに従わない構成
内容よりも、新たな挑戦に向けて背中を押してほしい	一般的な構成（最初に解決策提示を強調）	

一見、関連性のない話をはさむ

新しい情報を数多く提供できるセミナーの場合には、心に残る、すなわち満足度の高いセミナーとなりますが、目新しい情

報が提供できない場合や受講者を募集する段階で新しい情報やメッセージを謳ってしまっている場合には、やはり工夫が必要です。

またセミナーの時間が長い場合にも、同様の工夫が必要です。必要な工夫というのは、セミナーの途中で受講者の注意を引き、集中力を高めてもらうことです。その最も効果的な方法が、一見、関連性のない話をはさむことです。これにより「こんな話が続くんだよな……」という受講者の予想を裏切り、次の話の展開に集中してもらうことができます。

当然、単に関連のない話をしただけでは逆効果です。一見、関連性のない話が実はセミナーのテーマに深く関わっていることを伝えることが不可欠です。これは単に受講者の注意を引く、という効果だけでなく、ある事象を別の視点から説明し、受講者に気づきを与えることにもなります。

また受講者が「新たな挑戦に向けて背中を押してほしい」と期待していることが想定されるが、適切な成功事例を挙げることができない場合にも利用できます。この場合もテーマとのつながりを説明せずに、まず一見、関係のない事例を紹介した後、受講者の置かれている状況との類似点を説明することで、さらに印象深く伝えることができます。

最後の最後に、受講者へのメッセージを加える

これまでもメッセージが重要であることと、このメッセージを中心としたコンテンツ開発の方法を説明してきました。しかしメッセージには、次の二種類あります。

・受講者に理解、納得してもらいたいこと

・セミナーの後、受講者に期待することや行ってほしいこと

セミナーの最後は、単なる内容のまとめとなりがちです。しかし、これでは心に残るセミナーとはなりません。そのためセミナーの最後の最後は、セミナー内容のまとめや提供した情報に関するメッセージではなく、受講者に対するメッセージで締め括るべきです。

例えば最新情報の提供を謳ったセミナーの場合、受講者も目

マインドマップの活用法

マインドマップもしくはマインドマッピングというは、イギリスの教育者トニー・ブザンが提唱した発想方法です。キーワードを中心に、思いつくまま放射状にイメージ図やキーワードを線でつなげていくものです。現在は、専用のソフトウェアも提供されていますが、大きめの白い紙にカラーペンを使いながら作成していくことができます。

トニー・ブザンは、マインドマップを描く際のルールを定めていますが、多くの場合、このルールに縛られることなく活用されています。著者もセミナーのコンテンツ開発の場合だけでなく、日常的に利用していますが、状況に応じた方法で作成しています。

例えば、会議の際に自分用メモを取る際にも使用します。会議では話の流れを把握しながら、議論を進める必要があります。そのため、会議のテーマに対して参加者が発言した、もしくは自分が発言した事項をキーワードで示し、線で関係を表現していきます。

一方、このメモを見ながら、発言者が暗黙のうちに前提として説明していない事実関係や発言の意図などをイメージし、線を追

的意識を持っており、受講者に対するメッセージは必要ないように思われるかもしれません。しかし受講者にとってみれば、最新の情報を集めることは、セミナーの受講後も必要になるはずです。と考えるならば、その方法をメッセージに盛り込んで伝えるべきです。

また受講者が最新情報を必要としているのは、本人も気がついていない、その情報を使って達成したい別の目標があるからかもしれません。例えばセミナーのテーマに関連したコンサル

加していきます。それらを踏まえ、さらに議論を展開していくために必要と思われる発言を追加しながら、必要に応じて実際に発言し会議を進行していくようにします。

当然、会議の後に内容を整理する場合や課題を検討する場合にも利用します。課題が明確な場合にはロジックツリーを使うことができますが、課題自体が整理できていない場合や状況が非常に複雑な場合には、ある程度、ルールに従ってマインドマップを作成することで頭を整理します。

またセミナーのコンテンツ開発では、次のような場合に利用できます。

・自分自身を振り返り、メッセージを列挙する
・セミナー対象者をイメージする
・メッセージの文言を練る

ちなみにメッセージを列挙する際に、マインドマップを活用しておくとコンテンツの構成（メッセージの流れ）をスムーズに検討することができます。

マインドマップ（Mind Map）は、英国のBuzan Organisation Ltd.の登録商法です。

ティングを行っている人が主な受講者の場合、コンサルタントとして活躍し続けるために最新の情報を必要としていることが考えられます。しかしコンサルタントとして活躍し続けるために本当に必要なことは、最新情報を収集し続けること以外にあるかもしれません。このような視点から受講者へのメッセージをしっかりと検討し、最後に自らの言葉で伝えることが、最も心に残るセミナーとする方法です。

参考文献

[第1章 講師になるための心構えと具体的ステップ]
・中野明『今日から即使えるビジネス発想術50』(朝日新聞社、2007年)
・菅原邦昭、山崎承三『成功するNPOビジネス』(学陽書房、2006年)

[第2章 講師に不可欠なプレゼンテーションとインストラクション技法]
・吉田新一郎『効果10倍の<教える>技術』(PHP新書、2006年)

[第4章 セミナーを成功に導くコンテンツ構築技法]
・平野日出木『「物語力」で人を動かせ!』(三笠書房、2006年)
・山川悟『事例でわかる物語マーケティング』(日本能率協会マネジメントセンター、2007年)
・太期健三郎『仕事が10倍速くなる ビジネス思考が身につく本』(明日香出版、2009年)
・神田昌典『THINK! No.24「マインドマップで鍛える地頭力」』(東洋経済新報社、2008年)
・『プレジデント 2009.6.1』(プレジデント社、2009年)

おわりに

　セミナーを終えて、いつも思うことは、
　「セミナー講師は誰もが受講者の満足を目指して努力する。しかし、セミナーの本当の価値は講師自身にあるのではないか」
　執筆を終えて、その思いは確信に変わりました。

　本書では、4人のセミナー講師が、それぞれ得意とする領域について、自らの経験に基づき解説しています。セミナーの形は講師の数だけありますが、心構えから始まり、基礎知識とスキル、講師としてのあるべき立ち振る舞い、そしてセミナー実施に不可欠なコンテンツ開発と、講師として知っておくべき、身につけておくべき事項が全て網羅されているはずです。

　セミナーを企画し、講師として受講者に話をするということは、事業を立ち上げて、お客様にサービスを提供することと同じです。セミナーを企画することは事業計画を立てること、プレゼンテーションやインストラクションに関するスキルを修得することは事業基盤を構築すること、講師としての立ち振る舞いを身につけることは人材を育成すること、コンテンツを開発することは商品やサービスを開発すること、セミナーを告知し受講者を募集することは商品を販売すること、そして実際にセミナーを開催することは商品をお客様に届ける、サービスを提供することと同じです。

有料、無料に関わらず、セミナーで自信を持って話をするための努力は、必ず本業にも活きてきます。セミナーの講師だけで生計を立てている人もいますが、素晴らしい講師たちは、皆、別の活躍の場を持っています。その本業での活躍こそが、セミナーの内容を充実したものとしています。

　本書を手にとっていただいた皆さんにも、「本業とセミナー講師の好循環」を生み出していただきたいと願っております。ぜひ本書を片手に、新たな挑戦の準備を始めて下さい。

　受講者から、よく次のような質問をいただきます。
　「どうすれば、セミナーを依頼してもらえるようになるのでしょうか？」
　私は、いつも次のように答えています。
　「セミナーで講演する準備のできている人には、自然と依頼があるものです。ですから漫然と待つのではなく、まずは自分自身に依頼し、コンテンツを開発してみてください」

　著者から最後のメッセージをお送りします。
　人生の新たなチャンスを逃さぬために、セミナーの依頼を待たず今日から準備を始めよう！
　2009年8月

佐藤文弘

法人概要と著者紹介

菅原邦昭(すがわらくにあき)
代表著者、第2章担当

中小企業診断士、創業・経営革新コーディネータ、ITコーディネータ。大手IT会社で営業、経営企画などを担当後、現在コンサルティング会社代表。中央職業能力開発協会「審議委員」、地方公共団体「指定管理者選定委員会委員」などを歴任。地方公共団体などでのセミナー講師、中小企業に対する経営革新支援及び外郭団体・社会福祉協議会などに対する事業計画書作成支援など多方面で活動。特定非営利活動法人パブリックマーケット推進機構ネットワーク東京 副理事長。近著に『これで勝てる 指定管理者制度(共著)』(都政新報社)、『成功するNPOビジネス(共著)』(学陽書房)がある。
電子メール:

kuni_sugawara@yahoo.co.jp

山崎承三(やまざきしょうぞう)
第1章担当

中小企業診断士、社会保険労務士、産業カウンセラー、平成9年行政書士試験合格(未登録)。特定非営利活動法人パブリックマーケット推進機構ネットワーク東京理事、特定非営利活動法人地域活性化センター 理事、日本経営診断学会正会員。著書に『中小企業診断士試験完全合格の秘訣(共著)』(経営情報出版社)、『これで勝てる 指定管理者制度(共著)』(都政新報社)、『成功するNPOビジネス(共著)』(学陽書房)がある。

電子メール:sho-yama@nifty.com

(特非) パブリックマーケット推進機構ネットワーク東京

理事長　鳴川智久　〒120-0026　東京都足立区千住旭町1－7
ホームページ：http://www.pm-pro.org　電子メール：in-center@pm-pro.org

法人紹介　当NPOは、官公庁出身者と民間企業出身者が相互にもてる知見の協働によって、主に「パブリックマーケット」を中心的な活動領域として、地域の活性化に寄与する目的で設立された事業型NPOです。

当NPOは、地方公共団体、公益法人、民間企業に対して、コンサルティング活動や教育研修の企画・実施を行っています。ご用命は、上記アドレスにお願いいたします。

本多絵理子 (ほんだえりこ)
第3章担当

特定非営利活動法人パブリックマーケット推進機構ネットワーク東京　会員。役員秘書を経験後、退職、出産を経て企業研修講師として仕事を始める。接遇ビジネスマナー、電話応対、クレーム対応、コミュニケーションスキル、プレゼンテーションスキルを専門に数多くの企業研修を担当する。現在はプレゼンテーションコンサルタントをはじめ、大学、専門学校講師として学生のキャリア支援を行う。

電子メール：

ho-n-da@mwc.biglobe.ne.jp

佐藤文弘 (さとうふみひろ)
第4章担当

中小企業診断士、ITコーディネータ。特定非営利活動法人パブリックマーケット推進機構ネットワーク東京　理事。外資系大手コンサルティング会社にて、多くの企業の経営改革、業務改善、大規模システム導入などを支援。その後、ベンチャー企業にて、チェンジマネジメントに特化したコンサルティング部門を立ち上げた後、フリーのコンサルタントとして活動。近著に『チェンジマネジメント ―組織と人材を変える企業変革プログラム―』(英治出版) がある。

電子メール：

fumihiro.sato@nifty.com

セミナー講師としての仕事が明日の自分を拓く
デビューからプロへのノウハウのすべて！

定価：本体1500円＋税
2009年9月1日　初版発行

著　者　　菅原邦昭、山崎承三、佐藤文弘、本多絵里子
発行人　　大橋勲男
発行所　　株式会社都政新報社
　　　　　〒160-0023　東京都新宿区西新宿7-23-1　TSビル6F
　　　　　電話　03(5330)8788　FAX　03(5330)8904
　　　　　http://www.toseishimpo.co.jp/
印刷・製本　株式会社シナノ パブリッシング プレス
DTP　　有限会社 あむ

乱丁・落丁はお取り替え致します。
©Kuniaki Sugawara,Shozo Yamazaki,Fumihiro Sato,Eriko Honda,2009　Printed in Japan
ISBN978-4-88614-187-3　C3030